中外哲學典籍大全

總主編　李鐵映　王偉光

中國哲學典籍卷

四書辨疑

宋元明清哲學類

〔元〕陳天祥　著
光潔　點校

中国社会科学出版社

圖書在版編目（CIP）數據

四書辨疑／（元）陳天祥著；光潔點校．—北京：中國社會科學出版社，2021.1

（中外哲學典籍大全．中國哲學典籍卷）

ISBN 978-7-5203-7349-4

Ⅰ.①四… Ⅱ.①陳…②光… Ⅲ.①儒家②四書—注釋 Ⅳ.①B222.12

中國版本圖書館 CIP 數據核字(2020)第 186799 號

出 版 人　趙劍英
項目統籌　王　茵
責任編輯　孫　萍
責任校對　趙　威
責任印製　王　超

出　　版　中国社会科学出版社
社　　址　北京鼓樓西大街甲 158 號
郵　　編　100720
網　　址　http://www.csspw.cn
發 行 部　010-84083685
門 市 部　010-84029450
經　　銷　新華書店及其他書店

印刷裝訂　北京君昇印刷有限公司
版　　次　2021 年 1 月第 1 版
印　　次　2021 年 1 月第 1 次印刷

開　　本　710×1000　1/16
印　　張　24
字　　數　253 千字
定　　價　89.00 元

中外哲學典籍大全

「中國哲學典籍卷」

學術委員會

中外哲學典籍大全

總　序

中外哲學典籍大全的編纂，是一項既有時代價值又有歷史意義的重大工程。

中華民族經過了近一百八十年的艱苦奮鬥，迎來了中國近代以來最好的發展時期，迎來了奮力實現中華民族偉大復興的時期。中華民族衹有總結古今中外的一切思想成就，才能並肩世界歷史發展的大勢。爲此，我們須編纂一部匯集中外古今哲學典籍的經典集成，爲中華民族的偉大復興、爲人類命運共同體的建設、爲人類社會的進步，提供哲學思想的精粹。

哲學是思想的花朵，文明的靈魂，精神的王冠。一個國家、民族，要興旺發達，擁有光明的未來，就必須擁有精深的理論思維，擁有自己的哲學。哲學是推動社會變革和發展的理論力量，是激發人的精神砥石。哲學解放思維，净化心靈，照亮前行的道路。偉大的時代需要精邃的哲學。

一 哲學是智慧之學

哲學是什麽？這既是一個古老的問題，又是哲學永恒的話題。追問哲學是什麽，本身就是「哲學」問題。從哲學成爲思維的那一天起，哲學家們就在不停追問中發展、豐富哲學的篇章，給出一個又一個答案。每個時代的哲學家對這個問題都有自己的詮釋。哲學是什麽，是懸疑在人類智慧面前的永恒之問，這正是哲學之爲哲學的基本特點。

哲學是全部世界的觀念形態，精神本質。人類面臨的共同問題，是哲學研究的根本對象。本體論、認識論、世界觀、人生觀、價值觀、實踐論、方法論等，仍是哲學的基本問題和生命力所在！哲學研究的是世界萬物的根本性、本質性問題。人們可以給哲學做出許多具體定義，但我們可以嘗試用「遮詮」的方式描述哲學的一些特點，從而使人們加深對何爲哲學的認識。

哲學不是玄虛之觀。哲學來自人類實踐，關乎人生。哲學對現實存在的一切追根究底、「打破砂鍋問到底」。它不僅是問「是什麼」(being)，而且主要是追問「爲什麼」(why)，特别是追問「爲什麼的爲什麼」。它關注整個宇宙，關注整個人類的命運，關注人生。它關心柴米油鹽醬醋茶和人的生命的關係，關心人工智能對人類社會的挑戰。哲學是對一切實踐經驗的理論升華，它關心具體現象背後的根據，關心人類如何會更好。

哲學是在根本層面上追問自然、社會和人本身，以徹底的態度反思已有的觀念和認識，從價值理想出發把握生活的目標和歷史的趨勢，展示了人類理性思維的高度，凝結了民族進步的智慧，寄託了人們熱愛光明、追求真善美的情懷。道不遠人，人能弘道。哲學是把握世界、洞悉未來的學問，是思想解放、自由的大門！

古希臘的哲學家們被稱爲「望天者」，亞里士多德在形而上學一书中說，「最初人們通過好奇—驚讚來做哲學」。如果說知識源於好奇的話，那麼產生哲學的好奇心，必須是大好奇心。這種「大好奇心」衹爲一件「大事因緣」而來，所謂大事，就是天地之間一切事物的「爲什麼」。哲學精神，是「家事、國事、天下事，事事要問」，是一種永遠追問的精神。

哲學不衹是思維。哲學將思維本身作爲自己的研究對象，對思想本身進行反思。哲學不是一般的知識體系，而是把知識概念作爲研究的對象，追問「什麽才是知識的真正來源和根據」。哲學的「非對象性」的思想方式，不是「純形式」的推論原則，而有其「非對象性」之對象。哲學之對象乃是不斷追求真理，是一個理論與實踐兼而有之的過程，是認識的精粹。哲學追求真理的過程本身就顯現了哲學的本質。天地之浩瀚，變化之奥妙，正是哲思的玄妙之處。

哲學不是宣示絶對性的教義教條，哲學反對一切形式的絶對。哲學解放束縛，意味著從一切思想教條中解放人類自身。哲學給了我們徹底反思過去的思想自由，給了我們深刻洞察未來的思想能力。哲學就是解放之學，是聖火和利劍。

哲學不是一般的知識。哲學追求「大智慧」。佛教講「轉識成智」，識與智相當於知識與哲學的關係。一般知識是依據於具體認識對象而來的、有所依有所待的「識」，而哲學則是超越於具體對象之上的「智」。

公元前六世紀，中國的老子說，「大方無隅，大器晚成，大音希聲，大象無形，道隱無名。夫唯道，善貸且成」。又說，「反者道之動，弱者道之用。天下萬物生於有，有生於無」。對道的追求就是對有之爲有、無形無名的探究，就是對天地何以如此的探究。這種追求，使得哲學具有了天地之大用，具有了超越有形有名之有限經驗的大智慧。這種大智慧、大用途，超越一切限制的籬笆，達到趨向無限的解放能力。

哲學不是經驗科學，但又與經驗有聯繫。哲學從其作爲學問誕生起，就包含於科學形態之中，是以科學形態出現的。哲學是以理性的方式、概念的方式、論证的方式來思考宇宙人生的根本問題。在亞里士多德那裏，凡是研究實體（ousia）的學問，都叫作「哲學」。而「第一實體」則是存在者中的「第一個」。研究第一實體的學問稱爲「神學」，也就是「形而上學」，這正是後世所謂「哲學」。一般意義上的科學正是從「哲學」最初的意義上贏得自己最原初的規定性的。哲學雖然不是經驗科學，却爲科學劃定了意義的範圍、指明了方向。哲學最後必定指向宇宙人生的根本問題，大科學家的工作在深層意義上總是具有哲學的意味，牛頓和愛因斯坦就是這樣的典範。

哲學不是自然科學，也不是文學藝術，但在自然科學的前頭，哲學的道路展現了；在文學藝術的山頂，哲學的天梯出現了。哲學不斷地激發人的探索和創造精神，使人在認識世界的過程中，不斷達到新境界，在改造世界中從必然王國到達自由王國。

哲學不斷從最根本的問題再次出發。哲學史在一定意義上就是不斷重構新的世界觀、認識人類自身的歷史。哲學的歷史呈現，正是對哲學的創造本性的最好説明。哲學史上每一位哲學家對根本問題的思考，都在爲哲學添加新思維、新向度，猶如爲天籟山上不斷增添一隻隻黄鸝翠鳥。

如果説哲學是哲學史的連續展現中所具有的統一性特徵，那麽這種「一」是在「多」個哲學的創造中實現的。如果説每一種哲學體系都追求一種體系性的「一」的話，那麽每種「一」的體系之間都存在着千絲相聯、多方組合的關係。這正是哲學史昭示於我們的哲學多樣性的意義。多樣性與統一性的依存關係，正是哲學尋求現象與本質、具體與普遍相統一的辯證之意義。

哲學的追求是人類精神的自然趨向，是精神自由的花朵。哲學是思想的自由，是自由的思想。

中國哲學，是中華民族五千年文明傳統中，最爲内在的、最爲深刻的、最爲持久的精神追求和價值觀表達。中國哲學已經化爲中國人的思維方式、生活態度、道德準則、人生追求、精神境界。中國人的科學技術、倫理道德，小家大國、中醫藥學、詩歌文學、繪畫書法、武術拳法、鄉規民俗，乃至日常生活也都浸潤着中國哲學的精神。華夏文化雖歷經磨難而能够透魄醒神，堅韌屹立，正是來自於中國哲學深邃的思維和創造力。

先秦時代，老子、孔子、莊子、孫子、韓非子等諸子之間的百家争鳴，就是哲學精神在中國的展現，是中國人思想解放的第一次大爆發。兩漢四百多年的思想和制度，是諸子百家思想在争鳴過程中大整合的結果。魏晋之際，玄學的發生，則是儒道冲破各自藩籬，彼此互動互補的結果，形成了儒家獨尊的態勢。隋唐三百年，佛教深入中國文化，又一次帶來了思想的大融合和大解放，禪宗的形成就是這一融合和解放的結果。兩宋三百多年，中國哲學迎來了第三次大解放。儒釋道三教之間的互潤互持日趨深入，朱熹的理學和陸象山的心學，就是這一思想潮流的哲學結晶。

與古希臘哲學强調沉思和理論建構不同，中國哲學的旨趣在於實踐人文關懷，它更關注實踐的義理性意義。中國哲學當中，知與行從未分離，中國哲學有着深厚的實踐觀點和生活觀點，倫理道德觀是中國人的貢獻。馬克思説，「全部社會生活在本質上是實踐的」，實踐的觀點、生活的觀點也正是馬克思主義認識論的基本觀點。這種哲學上的契合性，正是馬克思主義能够在中國扎根並不斷中國化的哲學原因。

「實事求是」是中國的一句古話，今天已成爲深遂的哲理，成爲中國人的思維方式和行爲基準。實事求是就是解放思想，解放思想就是實事求是。實事求是毛澤東思想的精髓，是改革開放的基石。只有解放思想才能實事求是。實事求是就是中國人始終堅持的哲學思想。實事求是就是依靠自己，走自己的道路，反對一切絶對觀念。所謂中國化就是一切從中國實際出發，一切理論必須符合中國實際。

二　哲學的多樣性

實踐是人的存在形式，是哲學之母。實踐是思維的動力、源泉、價值、標準。人們認識世界、探索規律的根本目的是改造世界，完善自己。哲學問題的提出和回答，都離不開實踐。馬克思有句名言：「哲學家們只是用不同的方式解釋世界，而問題在於改變世界！」理論只有成爲人的精神智慧，才能成爲改變世界的力量。

哲學關心人類命運。時代的哲學，必定關心時代的命運。對時代命運的關心就是對人類實踐和命運的關心。人在實踐中産生的一切都具有現實性。哲學的實踐性必定帶來哲學的現實性。哲學的現實性就是强調人在不斷回答實踐中各種問題時應該具有的態度。

哲學作爲一門科學是現實的。哲學是一門回答並解釋現實的學問，哲學是人們聯繫實際、面對現實的思想。可以説哲學是現實的最本質的理論，也是本質的最現實的理論。哲學始終追問現實的發展和變化。哲學存在於實踐中，也必定在現實中發展。哲學的現實性要求我們直面實踐本身。

哲學不是簡單跟在實踐後面，成爲當下實踐的「奴僕」，而是以特有的深邃方式，關注着實踐的發展，提升人的實踐水平，爲社會實踐提供理論支撑。從直接的、急功近利的要求出發來理解和從事哲學，無異於向哲學提出它本身不可能完成的任務。哲學是深沉的反思，厚重的智慧，事物的抽象，理論的把握。哲學是人類把握世界最深邃的理論思維。

哲學是立足人的學問，是人用於理解世界、把握世界、改造世界的智慧之學。「民之所好，好之，民之所惠，惠之。」哲學的目的是爲了人。用哲學理解外在的世界，理解人本身，也是爲了用哲學改造世界、改造人。哲學研究無禁區，無終無界，與宇宙同在，與人類同在。

存在是多樣的，發展是多樣的，這是客觀世界的必然。宇宙萬物本身是多樣的存在，多樣的變化。歷史表明，每一民族的文化都有其獨特的價值。文化的多樣性是自然律，是動力，是生命力。各民族文化之間的相互借鑒，補充浸染，共同推動著人類社會的發展和繁榮，這是規律。對象的多樣性、複雜性，決定了哲學的多樣性；即使對同一事物，人們也會産生不同的哲學認識，形成不同的哲學派别。哲學觀點、思潮、流派及其表現形式上的區别，來自於哲學的時代性、地域性和民族性的差异。世界哲學是不同民族的哲學的薈萃，如中國哲學、西方哲學、阿拉伯哲學等。多樣性構成了世界，百花齊放形成了花園。不同的民族會有不同風格的哲學。恰恰是哲學的民族性，使不同的哲學都可以在世界舞臺上演繹出各種「戲劇」。即使有類似的哲學觀點，在實踐中的表達和運用也會各有特色。

人類的實踐是多方面的，具有多樣性、發展性，大體可以分爲：改造自然界的實踐，改造人類社會的實踐，完善人本身的實踐，提升人的精神世界的精神活動。人是實踐中的人，實踐是人的生命的第一屬性。實踐的社會性決定了哲學的社會性，哲學不是脱離社會現實生活的某種遐想，而是社會現實生活的觀念形態，是文明進步的重要標誌，是人的發展水平的重要維度。哲學的發展狀況，反映着一個社會人的理性成熟程度，反映著這個社會的文明程度。

哲學史實質上是自然史、社會史、人的發展史和人類思維史的總結和概括。自然界是多樣的，社會是多樣的，人類思維是多樣的。所謂哲學的多樣性，就是哲學基本觀念、理論學説、方法的異同，是哲學思維方式上的多姿多彩。哲學的多樣性是哲學的常態，是哲學進步、發展和繁榮的標誌。哲學是人的哲學，哲學是人對事物的自覺，是人對外界和自我認識的學問，也是人把握世界和自我的學問。哲學的多樣性，是哲學的常態和必然，是哲學發展和繁榮的内在動力。一般是普遍性，特色也是普遍性。從單一性到多樣性，從簡單性到複雜性，是哲學思維的一大變革。用一種哲學話語和方法否定另一種哲學話語和方法，這本身就不是哲學的態度。

多樣性並不否定共同性、統一性、普遍性。物質和精神，存在和意識，一切事物都是在運動、變化中的，是哲學的基本問題，也是我們的基本哲學觀點！

當今的世界如此紛繁複雜，哲學多樣性就是世界多樣性的反映。哲學是以觀念形態表現出的現實世界。哲學的多樣性，就是文明多樣性和人類歷史發展多樣性的表達。多樣性是宇宙之道。

哲學的實踐性、多樣性，還體現在哲學的時代性上。哲學總是特定時代精神的精華，是一定歷史條件下人的反思活動的理論形態。在不同的時代，哲學具有不同的内容和形式，哲學的多樣性，也是歷史時代多樣性的表達。哲學的多樣性也會讓我們能夠更科學地理解不同歷史時代，更爲内在地理解歷史發展的道理。多樣性是歷史之道。

哲學之所以能發揮解放思想的作用，在於它始終關注實踐，關注現實的發展；在於它始終關注著科學技術的進步。哲學本身没有絶對空間，没有自在的世界，只能是客觀世界的映象，觀念形態。没有了現實性，哲學就遠離人，就離開了存在。哲學的實踐性，説到底是在説明哲學本質上是人的哲學，是人的思維，是爲了人的科學！哲學的實踐性、多樣性告訴我們，哲學必須百花齊放、百家争鳴。哲學的發展首先要解放自己，解放哲學，就是實現思維、觀念及範式的變革。人類發展也必須多途並進，交流互鑒，共同繁榮。采百花之粉，才能釀天下之蜜。

三　哲學與當代中國

中國自古以來就有思辨的傳統，中國思想史上的百家争鳴就是哲學繁榮的史象。哲學是歷史發展的號角。中國思想文化的每一次大躍升，都是哲學解放的結果。中國古代賢哲的思想傳承至今，他們的智慧已浸入中國人的精神境界和生命情懷。

中國共産黨人歷來重視哲學，毛澤東在一九三八年，在抗日戰争最困難的條件下，在延安研究哲學，創作了實踐論和矛盾論，推動了中國革命的思想解放，成爲中國人民的精神力量。

中華民族的偉大復興必將迎來中國哲學的新發展。當代中國必須有自己的哲學，當代中國的哲學必須要從根本上講清楚中國道路的哲學道理。中華民族的偉大復興必須要有哲學的思維，必須要有不斷深入的反思。發展的道路，就是哲思的道路，文化的自信，就是哲學思維的自信。哲學是引領者，可謂永恒的「北斗」，哲學是時代的「火焰」，是時代最精緻最深刻的「光芒」。從社會變革的意義上説，任何一次巨大的社會變革，總是以理論思維爲先導。理論的變革，總是以思想觀念的空前解放爲前提，而「吹響」人類思想解放第一聲「號角」的，往往就是代表時代精神精華的哲學。社會實踐對於哲學的需求可謂「迫不及待」，因爲哲學總是「吹響」這個新時代的「號角」。「吹響」中國改革開放之

「號角」的，正是「解放思想」「實踐是檢驗真理的唯一標準」「不改革死路一條」等哲學觀念。「吹響」新時代「號角」的是「中國夢」，「人民對美好生活的向往，就是我們奮鬥的目標」。發展是人類社會永恒的動力，變革是社會解放的永遠的課題，思想解放，解放思想是無盡的哲思。中國正走在理論和實踐的雙重探索之路上，搞探索没有哲學不成！

中國哲學的新發展，必須反映中國與世界最新的實踐成果，必須反映科學的最新成果，必須具有走向未來的思想力量。今天的中國人所面臨的歷史時代，是史無前例的。十三億人齊步邁向現代化，這是怎樣的一幅歷史畫卷！是何等壯麗、令人震撼！不僅中國歷史上亘古未有，在世界歷史上也從未有過。當今中國需要的哲學，是結合天道、地理、人德的哲學，是整合古今中西的哲學，只有這樣的哲學才是中華民族偉大復興的哲學。

當今中國需要的哲學，必須是適合中國的哲學。無論古今中外，再好的東西，也需要再吸收，再消化，必須要經過現代化和中國化，才能成爲今天中國自己的哲學。哲學是解放人的，哲學自身的發展也是一次思想解放，也是人的一个思維升華、羽化的過程。中國人的思想解放，總是隨著歷史不斷進行的。歷史有多長，思想解放的道路就有多長；發展進步是永恒的，思想解放也是永無止境的，思想解放就是哲學的解放。

習近平說，思想工作就是「引導人們更加全面客觀地認識當代中國、看待外部世界」。這就需要我們確立一種「知己知彼」的知識態度和理論立場，而哲學則是對文明價值核心最精練和最集中的深邃性表達，有助於我們認識中國、認識世界。立足中國、認識中國，需要我們審視我們走過的道路，立足中國、認識世界，需要我們觀察和借鑒世界歷史上的不同文化。中國「獨特的文化傳統」、中國「獨特的歷史命運」、中國「獨特的基本國情」，「決定了我們必然要走適合自己特點的發展道路」。一切現實的，存在的社會制度，其形態都是具體的，都是特色的，都必須是符合本國實際的。抽象的制度，普世的制度是不存在的。同時，我們要全面客觀地「看待外部世界」。研究古今中外的哲學，是中國認識世界、認識人類史，認識自己未來發展的必修課。今天中國的發展不僅要讀中國書，還要讀世界書。不僅要學習自然科學、社會科學的經典，更要學習哲學的經典。當前，中國正走在實現「中國夢」的「長征」路上，這也正是一條思想不斷解放的道路！要回答中國的問題，解釋中國的發展，首先需要哲學思維本身的解放。哲學的發展，就是哲學的解放，這是由哲學的實踐性、時代性所決定的。哲學無禁區、無疆界。哲學是關乎宇宙之精神，是關乎人類之思想。哲學將與宇宙、人類同在。

四　哲學典籍

中外哲學典籍大全的編纂，是要讓中國人能研究中外哲學經典，吸收人類精神思想的精華；是要提升我們的思維，讓中國人的思想更加理性、更加科學、更加智慧。

中國有盛世修典的傳統。中國古代有多部典籍類書（如「永樂大典」「四庫全書」等），在新時代編纂中外哲學典籍大全，是我們的歷史使命，是民族復興的重大思想工程。

只有學習和借鑒人類精神思想的成就，才能實現我們自己的發展，走向未來。中外哲學典籍大全的編纂，就是在思維層面上，在智慧境界中，繼承自己的精神文明，學習世界優秀文化。這是我們的必修課。

不同文化之間的交流、合作和友誼，必須達到哲學層面上的相互認同和借鑒。哲學之間的對話和傾聽，才是從心到心的交流。中外哲學典籍大全的編纂，就是在搭建心心相通的橋樑。

我們編纂這套哲學典籍大全，一是中國哲學，整理中國歷史上的思想典籍，濃縮中國思想史上的精華；二是外國哲學，主要是西方哲學，吸收外來，借鑒人類發展的優秀哲學成果；三是馬克思主義哲學，展示馬克思主義哲學中國化的成就；四是中國近現代以來的哲學成果，特別是馬克思主義在中國的發展。

編纂這部典籍大全，是哲學界早有的心願，也是哲學界的一份奉獻。中外哲學典籍大全總結的是書本上的思想，是先哲們的思維，是前人的足迹。我們希望把它們奉獻給後來人，使他們能够站在前人肩膀上，站在歷史岸邊看待自己。

中外哲學典籍大全的編纂，是以「知以藏往」的方式實現「神以知來」；中外哲學典籍大全的編纂，是通過對中外哲學歷史的「原始反終」，從人類共同面臨的根本大問題出發，在哲學生生不息的道路上，綵繪出人類文明進步的盛德大業！

發展的中國，既是一個政治、經濟大國，也是一個文化大國，也必將是一個哲學大國、思想王國。人類的精神文明成果是不分國界的，哲學的邊界是實踐，實踐的永恒性是哲學的永續綫性，打開胸懷擁抱人類文明成就，是一個民族和國家自强自立，始終佇立於人類文明潮頭的根本條件。

擁抱世界，擁抱未來，走向復興，構建中國人的世界觀、人生觀、價值觀、方法論，這是中國人的視野、情懷，也是中國哲學家的願望！

李鐵映

二〇一八年八月

「中國哲學典籍卷」

序

中國古無「哲學」之名，但如近代的王國維所説，「哲學爲中國固有之學」。「哲學」的譯名出自日本啓蒙學者西周，他在一八七四年出版的百一新論中説：「將論明天道人道，兼立教法的 philosophy 譯名爲哲學。」自「哲學」譯名的成立，「philosophy」或「哲學」就已有了東西方文化交融互鑒的性質。

「philosophy」在古希臘文化中的本義是「愛智」，而「哲學」的「哲」在中國古經書中的字義就是「智」或「大智」。孔子在臨終時慨嘆而歌：「泰山壞乎！梁柱摧乎！哲人萎乎！」（史記孔子世家）「哲人」在中國古經書中釋爲「賢智之人」，而在「哲學」譯名輸入中國後即可稱爲「哲學家」。

哲學是智慧之學，是關於宇宙和人生之根本問題的學問。對此，中西或中外哲學是共同的，因而哲學具有世界人類文化的普遍性。但是，正如世界各民族文化既有世界的普遍性，也有民族的特殊性，所以世界各民族哲學也具有不同的風格和特色。如果說「哲學」是個「共名」或「類稱」，那麼世界各民族哲學就是此類中不同的「特例」。這是哲學的普遍性與多樣性的統一。

在中國哲學中，關於宇宙的根本道理稱爲「天道」，關於人生的根本道理稱爲「人道」，中國哲學的一個貫穿始終的核心問題就是「究天人之際」。一般說來，天人關係問題是中外哲學普遍探索的問題，而中國哲學的「究天人之際」具有自身的特點。

亞里士多德曾說：「古今來人們開始哲學探索，都應起於對自然萬物的驚異……這類學術研究的開始，都在人生的必需品以及使人快樂安適的種種事物幾乎全都獲得了以後。」「這些知識最先出現於人們開始有閒暇的地方。」這是說的古希臘哲學的一個特點，是與當時古希臘的社會歷史發展階段及其貴族階層的生活方式相聯繫的。與此不同，中國哲學是產生於士人在社會大變動中的憂患意識，爲了求得社會的治理和人生的安頓，他們大多「席不暇暖」地周遊列國，宣傳自己的社會主張。這就決定了中國哲學在「究天人之際」

中首重「知人」，在先秦「百家争鳴」中的各主要流派都是「務爲治者也，直所從言之異路，有省不省耳」（史記太史公自序）。

中國哲學與其他民族哲學所不同者，還在於中國數千年文化一直生生不息而未嘗中斷，中國文化在世界歷史的「軸心時期」所實現的哲學突破也是采取了極温和的方式。這主要表現在孔子的「祖述堯舜，憲章文武」，删述六經，對中國上古的文化既有連續性的繼承，又經編纂和詮釋而有哲學思想的突破。因此，由孔子及其後學所編纂和詮釋的上古經書就以「先王之政典」的形式不僅保存下來，而且在此後中國文化的發展中居於統率的地位。

據近期出土的文獻資料，先秦儒家在戰國時期已有對「六經」的排列，「六經」作爲一個著作群受到儒家的高度重視。至漢武帝「罷黜百家，表章六經」，遂使「六經」以及儒家的經學確立了由國家意識形態認可的統率地位。漢書藝文志著録圖書，爲首的是「六藝略」，其次是「諸子略」「詩賦略」「兵書略」「數術略」和「方技略」，這就體現了以「六經」統率諸子學和其他學術。這種圖書分類經幾次調整，到了隋書經籍志乃正式形成「經、史、子、集」的四部分類，此後保持穩定而延續至清。

中國傳統文化有「四部」的圖書分類，也有對「義理之學」「考據之學」「辭章之學」和「經世之學」等的劃分，其中「義理之學」雖然近於「哲學」但並不等同。中國傳統文化没有形成「哲學」以及近現代教育學科體制的分科，但是中國傳統文化確實固有其深邃的哲學思想，它表達了中華民族的世界觀、人生觀，體現了中華民族的思維方式、行爲準則，凝聚了中華民族最深沉、最持久的價值追求。

清代學者戴震説：「天人之道，經之大訓萃焉。」（原善卷上）經書和經學中講「天人之道」的「大訓」，就是中國傳統的哲學；不僅如此，在圖書分類的「子、史、集」中也有講「天人之道」的「大訓」，這些也是中國傳統的哲學。「究天人之際」的哲學主題是在中國文化上下幾千年的發展中，伴隨著歷史的進程而不斷深化、轉陳出新、持續探索的。

中國哲學首重「知人」，在天人關係中是以「知人」爲中心，以「安民」或「爲治」爲宗旨的。在記載中國上古文化的尚書皋陶謨中，就有了「知人則哲，能官人；安民則惠，黎民懷之」的表述。在論語中，「樊遲問仁，子曰：『愛人。』問知（智），子曰：『知人。』」（論語顔淵）「仁者愛人」是孔子思想中的最高道德範疇，其源頭可上溯到中國文化自上古以來就形成的崇尚道德的優秀傳統。孔子說：「未能事人，焉能事鬼？」「未知生，焉知死？」（論語先進）「務民之義，敬鬼神而遠之，可謂知矣。」（論語雍也）「智者知人」，在孔子的思想中雖然保留了對「天」和鬼神的敬畏，但他的主要關注點是現世的人生，是「仁者愛人」「天下有道」的價值取向，由此確立了中國哲學以「知人」爲中心的思想範式。西方現代哲學家雅斯貝爾斯在大哲學家一書中把蘇格拉底、佛陀、孔子和耶穌作爲「思想範式的創造者」，而孔子思想的特點就是「要在世間建立一種人道的秩序」，「在現世的可能性之中」，孔子「希望建立一個新世界」。

中國上古時期把「天」或「上帝」作爲最高的信仰對象，這種信仰也有其宗教的特殊性。如梁啓超所說：「各國之尊天者，常崇之於萬有之外，而中國則常納之於人事之中，此吾中華所特長也。……其尊天也，目的不在天國而在世界，受用不在未來（來世）而在現在（現世）。是故人倫亦稱天倫，人道亦稱天道。記曰：『善言天者必有驗於人。』此所以雖近於宗教，而與他國之宗教自殊科也。」由於中國上古文化所信仰的「天」不是存在於與人世生活相隔絕的「彼岸世界」，而是與地相聯繫（中庸所謂「郊社之禮，所以事上帝也」，朱熹中庸章句注：「郊，祀天；社，祭地。不言后土者，省文也。」），具有道德的、以民爲本的特點（尚書所謂「皇天無親，惟德是輔」，「天視自我民視，天聽自我民聽」，「民之所欲，天必從之」），所以這種特殊的宗教性也長期地影響著中國哲學對天人關係的認識。相傳「人更三聖，世經三古」的易經，其本爲卜筮之書，但經孔子「觀其德義而已」之後，則成爲講天人關係的哲理之書。四庫全书總目易類序說：「聖人覺世牖民，大抵因事以寓教……易則寓於卜筮。故易之爲書，推天道以明人事者也。」不僅易經是如此，而且以後中國哲學的普遍架構就是「推天道以明人事」。

春秋末期，與孔子同時而比他年長的老子，原創性地提出了「有物混成，先天地生」（老子二十五章），天地並非固有的，在天地産生之前有「道」存在，「道」是産生天地萬物的總根源和總根據。「道」内在於天地萬物之中就是「德」，「孔德之容，惟道是從」（老子二十一章），「道」與「德」是統一的。老子說：「道生之，德畜之，物形之，勢成之。是以萬物莫不尊道而貴德。道之尊，德之貴，夫莫之命而常自然。」（老子五十一章）老子的價值主張是「自然無爲」，而「自然無爲」的天道根據就是「道生之，德畜之……是以萬物莫不尊道而貴德」。老子所講的「德」實即相當於「性」，孔子所罕言的「性與天道」，在老子哲學中就是講「道」與「德」的形而上學。實際上，老子哲學確立了中國哲學「性與天道合一」的思想，而他從「道」與「德」推出「自然無爲」的價值主張，這就成爲以後中國哲學「推天道以明人事」普遍架構的一個典範。雅斯貝爾斯在大哲學家一書中把老子列入「原創性形而上學家」，他說：「從世界歷史來看，老子的偉大是同中國的精神結合在一起的。」他評價孔、老關係時説：「雖然兩位大師放眼於相反的方向，但他們實際上立足於同一基礎之上。兩者間的統一在中國的偉大人物身上則一再得到體現……」這裏所謂「中國的精神」「立足於同一基礎之上」，就是説孔子和老子的哲學都是爲了解決現實生活中的問題，都是「務爲治者也」。

在老子哲學之後，中庸説：「天命之謂性」，「思知人，不可以不知天」。孟子説：「盡其心者知其性也，知其性則知天矣。」（孟子盡心上）此後的中國哲學家雖然對天道和人性有不同的認識，但大抵都是講人性源於天道，知天是爲了知人。一直到宋明理學家講「天者理也」，「性即理也」，「性與天道合一存乎誠」。作爲宋明理學之開山著作的周敦頤太極圖說，是從「無極而太極」講起，至「形既生矣，神發知矣，五性感動而善惡分，萬事出矣」，這就是從天道講到人事，而其歸結爲「聖人定之以中正仁義而主靜，立人極焉」，這就是從天道、人性推出人事應該如何，「立人極」就是要確立人事的價值準則。可以說，中國哲學的「推天道以明人事」最終指向的是人生的價值觀，這也就是要「爲天地立心，爲生民立命，爲往聖繼絶學，爲萬世開太平」。在作爲中國哲學主流的儒家哲學中，價值觀又是與道德修養的工夫論和道德境界相聯繫。因此，天人合一、真善合一、知行合一成爲中國哲學的主要特點。

中國哲學經歷了不同的歷史發展階段，從先秦時期的諸子百家争鳴，到漢代以後的儒家經學獨尊，而實際上是儒道互補，至魏晋玄學乃是儒道互補的一個結晶；在南北朝時期逐漸形成儒、釋、道三教鼎立，從印度傳來的佛教逐漸適應中國文化的生態環境，至隋唐時期完成中國化的過程而成爲中國文化的一個有機組成部分；宋明理學則是吸收了佛、道二教的思想因素，返而歸於「六經」，又創建了論語孟子大學中庸的「四書」體系，建構了以「理、氣、心、性」爲核心範疇的新儒學。因此，中國哲學不僅具有自身的特點，而且具有不同發展階段和不同學派思想内容的豐富性。

一八四〇年之後，中國面臨着「數千年未有之變局」，中國文化進入了近現代轉型的時期。在甲午戰敗之後的一八九五年，「哲學」的譯名出現在黄遵憲的日本國志和鄭觀應的盛世危言（十四卷本）中。此後，「哲學」以一個學科的形式，以哲學的「獨立之精神，自由之思想」推動了中華民族的思想解放和改革開放，中、外哲學會聚於中國，中、外哲學的交流互鑒使中國哲學的發展呈現出新的形態，馬克思主義哲學在與中國的歷史文化傳統、中國具體的革命和建設實踐相結合的過程中不斷中國化而產生新的理論成果。中華民族的偉大復興必將迎來中國哲學的新發展，在此之際，編纂中外哲學典籍大全，中國哲學典籍第一次與外國哲學典籍會聚於此大全中，這是中國盛世修典史上的一個首創，對於今後中國哲學的發展、對於中華民族的偉大復興具有重要的意義。

李存山

二〇一八年八月

「中國哲學典籍卷」

出版前言

社會的發展需要哲學智慧的指引。在中國浩如煙海的文獻中，哲學典籍占據著重要地位，指引著中華民族在歷史的浪潮中前行。這些凝練著古聖先賢智慧的哲學典籍，在新時代仍然熠熠生輝。

收入我社「中國哲學典籍卷」的書目，是最新整理成果的首次發布，按照內容和年代分爲以下幾類：先秦子書類、两漢魏晋隋唐哲學類、佛道教哲學類、宋元明清哲學類、近現代哲學類、經部（易類、書類、禮類、春秋類、孝經類）等，其中以經學類占多數。本次整理皆選取各書存世的善本爲底本，制訂校勘記撰寫的基本原則以確保校勘品質。全套書采用繁體竪排加專名綫的古籍版式，嚴守古籍整理出版規範，並請相關領域專家多次審稿，整理者反復修訂完善，旨在匯集保存中國哲學典籍文獻，同時也爲古籍研究者和愛好者提供研習的文本。

文化自信是一個國家、一個民族發展中更基本、更深沉、更持久的力量。對中國哲學典籍進行整理出版，是文化創新的題中應有之義。中國社會科學出版社秉持「傳文明薪火，發時代先聲」的發展理念，歷來重視中華優秀傳統文化的研究和出版。「中國哲學典籍卷」樣稿已在二〇一八年世界哲學大會、二〇一九年北京國際書展等重要圖書會展亮相，贏得了與會學者的高度讚賞和期待。

點校者、審稿專家、編校人員等爲叢書的出版付出了大量的時間與精力，在此一並致謝。由於水準有限，書中難免有一些不當之處，敬請讀者批評指正。

趙劍英

二〇二〇年八月

本書點校説明

一，四書辨疑在元時有刻本，但是未著作者姓名，朱彝尊經義考中考訂爲陳天祥所作。其論曰：

四書辨疑，元人凡有四家，雲峰胡氏，偃師陳氏，黄岩陳成甫氏、孟長文氏。是書專辨集注之非，曾見吴中范檢討必英藏本，乃元時舊刻，不著撰人姓氏。成甫、長文並浙人，注辭不類。若雲峰四書通，一宗朱子，不應互異，其爲偃師陳氏之書無疑，且其卷數亦合，遂定以爲天祥著。〔一〕

二，四書辨疑現存兩種版本，一爲通志堂經解本，清同治十二年粵東書局重刻本，每卷末有「後學成德校定」字樣，有目録和正文。另一個爲文淵閣四庫全書本，有目録和正文，

〔一〕朱彝尊：經義考，卷二百五十四，中華書局1998年版，第1279頁。

目録之後有提要，正文卷首下記元陳天祥撰。本書以通志堂經解本爲底本，以文淵閣四庫全書本（簡稱四庫本）對校。

三，四書辨疑的體例爲，先引經文，然後引朱熹四書章句集註之注文，再展開辨疑解惑。經文末尾后之「註」字，爲四書章句集註簡稱，故一律標以書名號。

四，本書整理點校以遵從底本原貌爲主，異體字、通假字、古體字皆保留。

五，明顯的版刻混用字（如日、曰；已、己、巳；間、閑等），以及缺筆等版刻誤字，據文意斷是非而改，不出校。

六，避諱字不改，但標校記説明。

七，校記每頁重新編號。

光潔

二〇一八年六月

目録

先行其言而後從之。

學而不思則罔，思而不學則殆。

知之爲知之，不知爲不知，是知也。

舉直錯諸枉，則民服；舉枉錯諸直，則民不服。

季康子問：「使民敬、忠以勸，如之何？」子曰：「臨之以莊則敬，孝慈則忠，舉善而教不能則勸。」

書云：「孝乎惟孝，友于兄弟，施於有政。」是亦爲政，奚其爲爲政？

殷因於夏禮，所損益，可知也；周因於殷禮，所損益，可知也；其或繼周者，雖百世可知也。

卷三　論語……三九

八佾第三……三九

孔子謂季氏：「八佾舞於庭，是可忍也，孰不可忍也？」

禮，與其奢也，寧儉；喪，與其易也，寧戚。

夷狄之有君，不如諸夏之亡也。

或問禘之説。子曰：「不知也。知其説者之於天下也，其如示諸斯乎！」指其掌。

二三子，何患於喪乎？天下之無道也久矣，天將以夫子爲木鐸。

與其進也，不與其退也。

若聖與仁，則吾豈敢？抑爲之不厭，誨人不倦，則可謂云爾已矣。

卷五　論語 ……………………………………………………………… 八二

泰伯第八 ……………………………………………………………… 八二

泰伯，其可謂至德也已矣！三以天下讓，民無得而稱焉。

三以天下讓。

君子篤於親，則民興於仁；故舊不遺，則民不偷。

曾子有疾，召門弟子曰：「啓予足！啓予手！」

以能問於不能，以多問於寡，有若無，實若虚，犯而不校，昔者吾友嘗從事於斯矣。

士不可以不弘毅，任重而道遠。

如有周公之才之美，使驕且吝，其餘不足觀也已。

不在其位，不謀其政。

學如不及，猶恐失之。

予有亂臣十人。

不時，不食。

割不正，不食。不得其醬，不食。

惟酒無量，不及亂。

不撤薑食。

食不語，寢不言。

鄉人儺，朝服而立於阼階。

康子饋藥，拜而受之。曰：「丘未達，不敢嘗。」

廄焚。子退朝，曰：「傷人乎？」不問馬。

先進第十一……一〇八

南容三復白圭。

回也視予猶父也，予不得視猶子也。

季路問事鬼神，子曰：「未能事人，焉能事鬼？」敢問死。曰：「未知生，焉知死？」

不踐迹，亦不入於室。

論篤是與，君子者乎？色莊者乎？

從之者與？

斯民也，三代之所以直道而行也。

吾猶及史之闕文也，有馬者借人乘之。今亡已夫。

小不忍則亂大謀。

知及之，仁不能守之，雖得之，必失之。

君子不可小知，而可大受也。

當仁，不讓於師。

註：洪氏曰：「此篇或以爲齊論。」

則將焉用彼相矣？

不患寡而患不均，不患貧而患不安。

陽貨欲見孔子，孔子不見，歸孔子豚。孔子時其亡也，而往拜之，遇諸塗。

性相近也，習相遠也。

雖小道，必有可觀者焉，致遠恐泥，是以君子不爲也。

曾子曰：「吾聞諸夫子：孟莊子之孝也，其他可能也；其不改父之臣與父之政，是難能也。」

天之曆數在爾躬。

猶之與人也，出納之吝，謂之有司。

不知命，無以爲君子也。不知禮，無以立也。不知言，無以知人也。

王亦曰仁義而已矣，何必曰利？

不日成之。

王好戰，請以戰喻。

填然鼓之。

不違農時，穀不可勝食也；數罟不入洿池，魚鼈不可勝食也；斧斤以時入山林，材木不可勝用也。

五畝之宅，樹之以桑，五十者可以衣帛矣；雞豚狗彘之畜，無失其時，七十者可以食肉矣。

今王與百姓同樂，則王矣。

文王之囿方七十里。

今也不然。

睊睊胥讒，民乃作慝。

惟君所行也。

畜君何尤。

所謂故國者，非謂有喬木之謂也，有世臣之謂也。王無親臣矣。

昔者所進，今日不知其亡也。

今有璞玉於此，雖萬鎰。

必使玉人彫琢之。

若大旱之望雲霓也。

后來其蘇。

不誅，則疾視其長上之死而不救。

與民守之，效死而民弗去。

行或使之，止或尼之。

我知言。

其爲氣也，配義與道；無是，餒也。

必有事焉而勿正，心勿忘，勿助長也。

曰：「我於辭命則不能也。」然則夫子既聖矣乎？

人皆有不忍人之心。

惻隱之心，仁之端也；羞惡之心，義之端也；辭讓之心，禮之端也；是非之心，智之端也。

莫之禦而不仁，是不智也。

取諸人以爲善，是與人爲善者也。

孟子曰：「伯夷隘，柳下惠不恭。」

公孫丑下……二〇九

天時不如地利。

夫環而攻之，必有得天時者矣；然而不勝者，是天時不如地利也。

域民不以封疆之界。

是或一道也。

子之持戟之士，一日而三失伍，則去之否乎？

不恥不若人，何若人有？

霸者之民，驩虞如也。

殺之而不怨，利之而不庸。

得天下英才而教育之。

流水之爲物也，不盈科不行；君子之志於道也，不成章不達。

所惡執一者，爲其賊道也，舉一而廢百也。

仲子，不義與之齊國而弗受，人皆信之。

夫有所受之也。

居移氣，養移體。

形色，天性也；惟聖人，然後可以踐形。

君子之所以教者五：有如時雨化之者。

君子引而不發，躍如也。

中道而立，能者從之。

未聞以道殉乎人者也。

其進鋭者，其退速。

道也者，不可須臾離也，可離非道也。

是故君子戒慎乎其所不睹，恐懼乎其所不聞。

莫見乎隱，莫顯乎微，故君子慎其獨也。

致中和，天地位焉，萬物育焉。

道之不行也，我知之矣：知者過之，愚者不及也。道之不明也，我知之矣：賢者過之，不肖者不及也。

道其不行矣夫！

人皆曰「予知」，驅而納諸罟擭陷阱之中，而莫之知辟也。人皆曰「予知」，擇乎中庸，而不能期月守也。

衽金革，死而不厭。

君子之道，費而隱。夫婦之愚，可以與知焉；及其至也，雖聖人亦有所不知焉。夫婦之不肖，可以能行焉；及其至也，雖聖人亦有所不能焉。

「伐柯，伐柯，其則不遠。」執柯以伐柯，睨而視之，猶以爲遠。故君子以人治人，改而止。

忠恕違道不遠，施諸己而不願，亦勿施於人。

故大德必得其位，必得其祿，必得其名，必得其壽。

事死如事生，事亡如事存。

忠信重禄，所以勸士也。

成己，仁也；成物，知也。

子曰：「吾説夏禮，杞不足徵也。吾學殷禮，有宋存焉。」

上焉者雖善無徵，無徵不信，不信民弗從；下焉者雖善不尊，不尊不信，不信民弗從。

四書辨疑卷一　大學

在親民。○註：程子曰：「親，當作新。」

程子爲見「親」字義不可通，又傳中所引湯銘康誥等文皆是「日新」「新民」之說，以此知「親」字爲誤，故改爲「新」，此誰不知？或問中「問曰：『程子之改親爲新也，何所据？子之從之，又何所考而必其然邪？且以己意輕改經文，恐非傳疑之義，奈何？』」此等問荅之言皆冗長虚語，本不須用。大抵解經以言簡理直爲貴，使正義不爲游辭所亂，學者不爲繁文所迷，然後經可通而道可明也。

安而后能慮。○註：慮，謂處事精詳。

「處」字意差。「慮」是審詳思慮，「處」是判決區處，凡事於未行之前須是先有思慮審詳，其事當作如何處置，思慮既定，然後判決區處。「慮」在「處」前，「處」在「慮」後，「慮」與「處」之次第如此，「慮」只解爲審詳事宜，乃爲得中。

慮而后能得。○註：得，謂得其所止。

得其所止，似有未盡，與知止之義未易辨也。蓋「得」謂得其所止之事理也。傳文以「仁」「敬」「孝」「慈」「信」之五事爲君臣、父子、交國人所止之善，然天下之事物莫不各有當止之善，傳文特舉其大要耳。或問中論曰：「仁或流於姑息，敬或墮於阿諛，孝或陷父，慈或敗子，信或爲尾生、白公之爲」，此本申明「得」字之義，其説甚善。蓋此等雖亦知其當止之善，實猶未得所止之事理也。若能審詳如何是君之仁、如何是臣之敬、如何是父之慈、如何是子之孝、如何是交國人可爲之信，須有如此思慮，然後可以得其事之正理，是之謂「慮而后能得也」。

物有本末，事有終始。○註：明德爲本，新民爲末，知止爲始，能得爲終。本、始：所先；末、終：

所後。此結上文兩節之意。

註文專言結上文本末、終始之意，然下文自格物致知至治國平天下，其本末、始終之次第尤詳，又有「修身爲本，其本亂而末治者否矣」之明文，則此段「物有本末，事有終始」之言非爲專結上文，蓋所以承上文而起下文也。

顧諟天之明命。○註：顧，謂常目在之。諟，古是字。諟，此也，或曰審也。

尚書舊註：「諟，是也。」孔潁達疏云：「諟與是，古今之字異，故變文爲是也。」註文「古是字」之說，蓋出於此，果如孔疏所言，則是古無「是」字而後人增之也。然文字之古者莫若尚書，如「慢遊是好」「傲虐是作」之「是」字，豈後人所增者哉？又今之江南、中原玉篇諸韻，「諟」字皆訓理也，正也，諦也，審也，未有説爲古是字。而訓此者惟從或曰之説，解諟爲審，則爲理順。「顧」謂顧視，常目在之。「諟」謂審念，常心在之。言常顧視審念天之明命，以此謹畏之誠奉承上下神祇也。

湯之盤銘。○註：盤，沐浴之盤。

解盤爲沐浴之盤，此舊説也。沐爲沐髮，浴爲浴身，髮與身無同器沐浴之理，即欲迂曲説爲兩盤，實無可據。兩盤之文，或問中有一説云：「亦如人之一日沐浴，日日沐浴，又無日不沐浴」，此説亦爲少思。驗之天下之人，未有無夏無冬日日須沐須浴者。又，盤乃淺器，中間亦難容人沐浴也，況古人刻銘於器以自警。刀劍取其剛斷，几案取其平正，義皆象其本器而言。惟此沐浴之盤，所取潔淨之義，不在本盤，却在沐浴之人。理亦未是。銘之全文，世久無傳，盤果何盤，不可考也。參詳天下之物，常須潔净者，惟飲食之器爲然，此盤亦只是飲食之間所用之盤。説者宜云，盤所以盛進飲食諸物，必須日日滌拭，去其垢穢，常令鮮潔明淨。以諭人須日日清潔其心，不致爲物欲所昏，使其明德，常明常新也。

作新民。○註：鼓之舞之之謂作。言振起自新之民。

解「作」字爲振起，義固不差。解「新民」爲自新之民，理却未是。觀康誥之文，首言文王「克明德」至「此乃以新民」爲結語止，當與「大學之道，在明明德，在新民」之「新民」同説。「新」乃己與新之，非民自新也。蔡氏書傳解「作新民」爲作新斯民，又曰：「此言明德之終也，大學言明德亦舉新民以終之。」又陳大猷亦解爲作新天下之民，二家書傳俱成於註文之後，蔡沉又文公之門人，皆不以自新之民爲是，蓋公論也，學者宜從之。

周雖舊邦，其命惟新。○註：周國雖舊，至文王，能新其德以及於民，而始受天命也。

「能新其德以及於民」，此言文王之德化惟新也。「始受天命」，却是言文王所受有天下之天命惟新也。一惟新分爲兩意，詩之本意果何如也？文公詩傳中德與天命亦説不通，孟子集註一向只説「受天命有天下，則自文王始」，略不言文王之德，與此註意亦不同。予於孟子中有説，可就觀之，免重複也。

如切如磋者，道學也。如琢如磨者，自修也。○註：切以刀鋸，琢以椎鑿，皆裁物使成形質也。磋以鑢錫，磨以沙石，皆治物使其滑澤也。治骨角者，既切而復磋之。治玉石者，既琢而復磨之。皆言其治之有序，而益致其精也。

註文止是解詩，於傳文所言「學」與「自修」無相干涉。不知切磋如何爲「學」；琢磨如何爲「自修」也？或問中荅問者曰：「骨角脉理可尋而切磋之功易，所謂始條理之事也；玉石渾全堅確而琢磨之功難，所謂終條理之事也。」參詳此説，數者之中，惟治玉爲難，琢石磨石何難之有？又所謂「始條理之事」「終條理之事」者，此亦只是姑應門人之語，若於學問、自修果有可通之理，則已取之爲註矣。註中既無意，亦可見夫欲治骨角玉石爲器，必先切琢以成其質，再加磋磨之功，然後可爲完器矣。諭如：立身爲人，必先學問以致其知，繼有自修之行，然後可爲完人矣。切琢，以諭學問也；磋磨，以諭自修也。經文當作「如切如琢者，道學也。如磋如磨者，自修也」。如此讀之，於義爲是，「磋」「琢」二字，傳寫之差也。

詩云：「於戲！前王不忘。」君子賢其賢而親其親，小人樂其樂而利其利，此以没世不忘

也。〇註：前王，謂文、武也。君子，謂後賢後王。小人，謂後民也。此言前王所以新民者止於至善，能使天下後世無一物不得其所，所以既没世而人思慕之，愈久而不忘也。

謂前王爲文、武，君子爲後賢後王，小人爲後民，於總解處皆説不通。文、武之事業，載在典籍，後世之人，惟務學知道者能思慕之。年代久遠之後王後民，如幽、厲等無道之君，田野間無知之民。於文王、武王之新民之事，未嘗愈久而不忘也。蓋前王只是當時没世之王，如孟子所謂「舊君」、世人所謂「先帝」者是也。君子、小人，亦只是當時之人。君子以位言，小人以民言，居位者得以進舉其才德之賢，是謂賢其賢也；得以周贍其骨肉之親；是謂親其親也。爲民者得以稱遂其温飽之樂，是謂樂其樂也；得以保有其衣食之利，是謂利其利也。君子、小人皆得各如其志，是皆當時明王之德惠使然。王身雖没，恩澤在人，無貴無賤，皆不能忘也。

聽訟，吾猶人也。必也使無訟乎！無情者不得盡其辭，大畏民志，此謂知本。〇註：情，實也。聖人能使無實之人不敢盡其虚誕之辭。蓋我之明德既明，自然有以畏服民之心志，故訟不待聽而自無也。

使民無訟，非教化不能，教化乃新民之事也。「明德」「新民」二者不可相離，若但明己德未嘗有新民事效，便能使民皆自畏服不敢興訟，斷無此理。文王之德亦既明矣，而虞芮之人來訟之。初未嘗有不敢之心也，直至身入文王大化中，見其耕者讓畔、幼者讓長，然後心始畏服，慚退而罷。由此言之，明德之後，須有新民之化，使人人以孝弟禮義爲心，則自無貪競争訟之事。風俗既已如此，雖有無實之人，在其禮讓温良之衆人中間，亦自不敢肆意妄爲，盡其虚誕之辭，其勢然也，此乃「大畏民志」之謂。「知本」謂知爲治之本也。

此謂知之至也。○註：此句之上，别有闕文。此特其結語耳。

註謂此句上有闕文，此説誠是。然又自添所闕傳文一章，却爲過分。前人解經，亦嘗有補正三五字之闕者，以其餘文全在、意脉可通而有補之之理也。然亦但言某處宜有某字，不過如此而已。今乃全用己意，創添一百二十七字以代曾子之言，便爲正傳。似與不似，且置勿論，但以今人而作古書與前聖前賢經傳竝列，於義亦似未安。若準此爲例，則尚書亡逸四十餘篇，後人皆得添補，長學者不厚之風，所繫甚大，以文公之識量，不免有此。惜哉！宜姑置之，只講註文可也。

是故君子有大道，必忠信以得之，驕泰以失之。〇註：君子，以位言之。道，謂居其位而修己治人之術。發己自盡爲忠，循物無違謂信。

註文不肯通説，但零解字義而已。解「道」爲修己治人之術，與下文義不相合。「忠信以得之，驕泰以失之」，此言外交之道，所得所失物皆在外，非有關於修己也。傳有錯簡，其辨在後。

自「殷之未喪師」及「惟命不于常」以下皆是説得國失國之事理緣由。得國，由其得衆；失國，由其失衆。善，則得衆；不善，則失衆。繼又歷言退不善、進善人，以明爲善得衆之實，前後意脉如綫穿珠，此一節乃其結語也。君子，以位言，大道，猶言大道理也。「得」謂得衆得國，「失」謂失衆失國，是故二字乃承上起下之辭。蓋好人所惡之惡人，惡人所好之善人，則其喪師失國之菑害必及其身，是故在位之人得與失皆有自然之大道理存焉。得衆以得國者，必因忠信以得之；失衆以失國者，必因驕泰以失之。自古以來，未嘗聞有因忠信而失衆失國，因驕泰而得衆得國者，此乃自然之大道理也。又所謂「發己自盡爲忠，循物無違謂信」者，與論語集註「盡己謂忠，以實謂信」之語意不同。既已自盡無隱，亦不須更言「發己」也。「循物無違」四字，意更難認。以辭觀之，止可説爲循其物之性情而不與之相違，此與中庸註文解「率性」處意正相類，豈可以此爲信哉？纂疏所引文集又自轉與註文爲註，今厭其煩，而不辨也。「忠信」二字，予於論語中有辨。或問又曰：「忠信者，盡己之心而不違於物，絜矩之本也。」

註文改易論語集註之意，於此可見，蓋欲宛轉以就「絜矩」爲説也。夫「絜矩」以忖己度人爲義，推己不欲不加於人，恕也。「忠」與「信」何嘗有忖度之義哉？信果爲絜矩之本，則恕當出自於信，信爲恕之本，恕爲信之末，於理安乎？況傳中明有「此之謂絜矩之道」之一句，結其上文。絜矩之意已了，其下再引南山有臺之詩，至「辟，則爲天下僇矣」，乃是反絜矩之意以終其説。此已下不復重説絜矩也。「忠信以得之」，止是言忠信爲得衆得國之由，何嘗有關絜矩之意哉？或問乃以全章傳文自首至尾盡爲絜矩，秦誓一篇亦爲絜矩，孟獻子「寧有盜臣」之説亦爲絜矩，又引董仲舒「與齒去角」之説，亦爲絜矩，遷就之甚，皆不可取。傳有三義，節次甚明，説見下段。

彼爲善之，小人之使爲國家。○註：「彼爲善之」，此句上下，疑有闕文誤字。

註文兩説，一謂有闕文，一謂有誤字。謂有誤字者，爲是觀上文「與其有聚斂之臣，寧有盜臣」及「國不以利爲利」「長國家而務財用者，必自小人」等語，皆言治國不可專任聚斂財利之小人。「彼」字指上文聚斂之臣務財用之小人而言，「善」字乃「利」字之誤也，解者不可以「彼爲善之」四字爲句，自「彼」至「家」十一字通爲一句，改「善」字爲「利」字，讀之語意自圓。

此章傳文義有三節，首論絜矩正己之道，次論得國失國之由，次論理財本末。自「是故君子先慎乎德」至「亦悖而出」七十六字，與「生財有大道」，文正相接，直至章末，通是一段，專論理財。後人失傳，而却序在「失衆則失國」之下，以致前後文理皆有隔礙，今試改正，全録其文，上下通讀，是否可見：

所謂平天下在治其國者，上老老而民興孝，上長長而民興弟，上恤孤而民不倍，是以君子有絜矩之道也。所惡於上，毋以使下；所惡於下，毋以事上。所惡於前，毋以先後；所惡於後，毋以從前。所惡於右，毋以交於左；所惡於左，毋以交於右。此之謂絜矩之道。

詩云：「樂只君子，民之父母。」民之所好好之，民之所惡惡之，此之謂民之父母。詩云：「節彼南山，維石巖巖；赫赫師尹，民具爾瞻。」有國者不可以不慎，辟，則為天下僇矣。**【以上論絜矩正己之道，此已下論得衆得國、失衆失國之事理。】**

詩云：「殷之未喪師，克配上帝。儀監于殷，峻命不易。」道得衆則得國，失衆則失國。康誥曰：「惟命不于常。」道善則得之，不善則失之矣。楚書曰：「楚國無以爲寶，惟善以爲寶。」舅犯曰：「亡人無以爲寶，仁親以爲寶。」秦誓曰：「若有一个臣，斷斷兮無他技，其心休休焉，其如有容焉。人之有技，若己有之；人之彥聖，其心好之，不啻若自其口出；寔能容之，以能保我子孫黎民，尚亦有利哉！人之有技，媢疾以惡之；人之彥聖，而違之俾不通；寔不能容，以不能保我子孫黎民，亦曰殆哉！」惟仁人放流之，迸諸四夷，不與同中國。此謂唯仁人爲能愛人，能惡人。

見賢而不能舉，舉而不能先，命也；見不善而不能退，退而不能遠，過也。好人之所惡，惡人之所好，是謂拂人之性，菑必逮夫身。是故君子有大道，必忠信以得之，驕泰以失之。

是故君子先慎乎德。有德此有人，有人此有土，有土此有財，有財此有用。德者本也，財者末也。外本内末，爭民施奪。是故財聚則民散，財散則民聚。是故言悖而出者，亦悖而入；貨悖而入者，亦悖而出。生財有大道，生之者衆，食之者寡，爲之者疾，用之者舒，則財恒足矣。

仁者以財發身，不仁者以身發財。未有上好仁而下不好義者也，未有好義其事不終者也，未有府庫財非其財者也。孟獻子曰：「畜馬乘，不察於雞豚；伐冰之家，不畜牛羊；百乘之家，不畜聚斂之臣。與其有聚斂之臣，寧有盜臣。」此謂國不以利爲利，以義爲利也。長國家而務財用者，必自小人矣。彼爲利之小人之使爲國家，菑害並至。雖有善者，亦無如之何矣！此謂國不以利爲利，以義爲利也。

四書辨疑卷二　論語

學而第一

其爲人也孝弟，而好犯上者鮮矣。不好犯上，而好作亂者，未之有也。○註：犯上，謂干犯在上之人。作亂則爲悖逆争鬬之事矣。

干字意輕，作亂解爲争鬬，亦爲未盡閭閻之間語。言偶有相犯，罵詈争鬬，未可便以爲作亂也，作亂亦豈爭鬬而已？孝弟之道僅能息其爭鬬，則有子之言亦無意味也。蓋犯上謂陵犯在上之人，作亂謂悖逆篡弑等事。人能以孝弟爲心，入則善事其父兄，出則善事其長上，此等人中有好陵犯在上之人者少矣。犯上之事既所不爲，而却好爲無父無君、悖逆篡弑等事，決無如此之人，故曰未之有也。古之明王，教民以孝弟爲先，孝弟舉則三綱五常之道通，而家國天下之風正，故其治道相承，至於累世數百年不壞，非後世所能及也。此可見孝弟功用之大，有子之言，可謂得王道爲治之本矣。孟子言「人人親其親，長其長，而天下平」與此章義同，蓋皆示人以治國平天下之要端也。

巧言令色，鮮矣仁。○註：好其言，善其色，致飾於外，務以悦人，則人欲肆而本心之德亡矣。聖人詞不迫切，專言鮮，則絶無可知。

致飾於外，言甚有理，必有陰機在内而後致飾於外，將有陷害使之不爲隄防也。語意既已及此，其下却但説本心之德亡而不言其内有包藏害物之心，所論迂緩不切於事實，未能中其「巧言令色」之正病也。本心之德亡，固已不仁。不仁亦有輕重之分，其或穿穴踰牆爲姦爲盜，大而至於弑君篡國，豈可但言心德亡而已哉？蓋巧言，甘美悦人之言；令色，喜狎悦人之色。内懷深險之人，外貌往往如此，李林甫好以甘〔二〕言啗人，此巧言也，

〔二〕原作「廿」，當爲版刻之誤，今據四庫本改。

而有陰中傷之之機阱在焉；李義府與人語必嬉怡微笑，此令色也，而有狡險忌克之機阱在焉。若王莽以謙恭篡漢，武后以卑屈禍唐，此又言色巧令之尤者也。古今天下之人爲此巧言令色，而無陰險害物之心者，蓋鮮矣。「鮮」字乃是普言此等人中有仁者少，非謂絶無也。

爲人謀而不忠乎？與朋友交而不信乎？○註：盡己之謂忠，以實之謂信。

只以盡己爲忠，義有未備。天下之事，亦有理所當隱不當盡者，「其父攘羊，而子證之」，此亦盡己之謂，聖人未嘗以忠直許之也。況「盡己」「以實」只是一意，忠與信不可辨也。「忠」「信」理雖相近，要之自是兩事，曾子分明説在兩處，解者不可相混無別也。語録曰：「忠信只是一事」，又曰「做一事説也得，做兩事説也得」，此説意持兩端，無真正可憑之理。蓋忠當以心言，信當以言論，心無私隱之謂忠，言有準實之謂信，此乃忠信之別也。

行有餘力，則以學文。○註：餘力，猶言暇日，文謂詩、書六藝之文。

註文與所引尹氏、洪氏之説，大意皆是，然「行」字無明説，不知「行」爲行甚也。學者多以爲行其上文數事，弟子之職，所當行者亦豈止此數事而已哉？南軒曰：「非謂行此數事，有餘力而後學文也，言當以是數者爲本，以其餘力學文也。」此比註文爲詳，然所謂「以其餘力」亦不知其果爲何者之餘力也？夫弟子當爲之事，言不能盡舉，此數事急，先務也，行有餘力乃是普言弟子當爲之事，行之而有餘暇則以學文也。伊川曰：「爲弟子之職，力有餘則學文。」此説普言弟子之職，可謂得本經之旨。

賢賢易色。○註：賢人之賢，而易其好色之心，好善有誠也。

此言「賢人之賢，易其好色之心」，舊説改易好色之心「好賢」。雖其文辭小有不同，然皆以易色爲變易好色之心。試於「易色」兩字中觀之，「易」既爲變易，其下止有「色」之一字，如何做得好色之心？今於本文「色」字之外剏加「好之心」三字，與色字湊合爲「好色之心」，一「色」字寧包許意邪？易當讀爲去聲，易，輕易也。蓋言賢人之賢，輕易女色也。夫子屢言「吾未見好德如好色者」，蓋輕賢重色，乃古今之通患，而其真能賢人之賢，真能輕易女色者，求之於古今天下不多得也。以此論之，「易」爲輕易，則文理不差，義亦通貫。

賢賢易色，事父母能竭其力，事君能致其身，與朋友交言而有信。雖曰未學，吾必謂之學矣。○註：四者皆人倫之大者，而行之必盡其誠，學求如是而已。故子夏言有能如是之人，苟非生質之美，必其務學之至。雖或以爲未嘗爲學，吾必謂之已學也。吴氏曰：「子夏之言，其意善矣。然詞氣之間，抑揚太過，其流之弊，將或至於廢學。」

「學求如是而已」，義有未盡。君子之道，豈惟四者而已哉？又言「苟非生質之美，必其務學之至」，亦非通論。蓋謂質美則不待學而能之，此本就吴氏之説證子夏抑揚太過之病也。語録云：「世間也有資禀高，會做許多事底，但子夏兩句被他説殺了，所以謂其言之有弊。」註文主意於此可見，然經中實無分别生質美與不美之意，兩句中亦無説殺此事非學不能之文，假若便曾如此説殺，本亦無妨，大抵生質美、資禀高，不待學而自有所能者，世固有之。

至於見賢無媢嫉之心又能尊尚之，於色無躭愛之志而能輕易之，事父母而能竭盡其力，事君而能委致其身，與朋友交言不失信，必欲全此數事，苟非有得於學者，定不能也。然其務學之至，亦須質美者能之，苟非生質之美，必不能有務學之至，須其生有淑質，然後能有務學之實，有得於學然後能有過人之行。故子夏之於能此數者之人不敢以不學待之也。亦猶今人偶見一人，出言循道理，作事有規程，必待爲有學之人，此乃人情事理之常。子夏之言誠未見有可指之病，而吴氏以爲抑揚太過，其流之弊，將或至於廢學，殊不知如何是抑揚太過？如何是將至於廢學？讀之不可曉也。

蓋吴氏誤認「雖曰未學」以爲實未嘗學，不學者亦能此事，故有將至廢學之論。此説未必不出於舊疏也。舊疏云「此論生知美行」「雖學亦不是過」，此蓋以「曰」字爲助辭，虚字，言雖未學亦與學者無異也。果如此説，下「學」字上須當更有「猶」字，「雖曰未學吾必謂之猶學也」，經中以此爲文，則吴説與舊疏爲有所憑。而經之本文未嘗如此，足以見二説之謬，蓋「雖曰未學」，乃是子夏假設能於此者自謂之言，非子夏實謂未學也。

劉正叟曰：「其人既能此等之事，而自言未學，吾必謂之已學，蓋此等非學不能也。」此最簡直明白。

無友不如己者。〇註：友以輔仁，不如己，則無益而有損。

註文本通，因東坡一説，致有難明之義。東坡云：「世之陋者樂以不己若者爲友，則自足而日損，故以此戒之，如必勝己而後友，則勝己者亦不與吾友矣。」學者往往以此爲疑，故不得不辨。「如」字不可作勝字説，「如」，似也。南北廣韻、中原韻略「如」又訓「均」，不如己、如己、勝己，凡三等。不如己者下於己者也；如己者與己相似均齊者也；勝己者上於己者也。如己、不如己當以德言，不可以才能論也。己爲君子，彼未君子，彼之所爲無己之善，是之謂不如己者也；己爲君子，彼亦君子，彼之所爲善與己均，是之謂如己者也。如己者德同道合，自然相友。孟子曰：「一鄉之善士斯友一鄉之善士，一國之善士斯友一國之善士，天下之善士斯友天下之善士」，此皆友其如己者也。如己者友之，勝於己者，己當師之，何可望其爲友邪？如己與勝己者既有分別，學者於此可無疑矣。

父在，觀其志；父没，觀其行。○註：父在，子不得自專，志則可知。父没，則其行可見。

此章論觀人之法，須當審其語言次序。於「志」「行」，止可言觀，不可直截便下「知」「見」二字。觀志、觀行，蓋欲得其爲人善惡之實，「知」與「見」當在「觀之」之後，於得其爲人之實處，用之爲是。父在，子不得自專，故捨其所行而觀其志趣，然後爲人善惡之實可知；父没，所行皆出本人，故但觀其見行事迹，則其爲人善惡之實可見。

禮之用，和爲貴。○註：禮者，天理之節文，人事之儀則。和者，從容不迫之意。蓋禮之爲體雖嚴，而皆出於自然之理，故其爲用，必從容而不迫，乃爲可貴。

禮與和各有名物，須當質諸行事，指其實有之物言之，使學者分明見是何物，行之有所依準，可也。今以從容不迫爲和，在談説固無差忒，於踐履未有準程。蓋尊卑貴賤各正其分，斯謂之禮；恭謙遜讓以緩其嚴，斯謂之和。至於先人後己、厚往薄來、顔色相迎、語言相接，使彼此之氣融會交通，皆其和也。試於尋常人事中體認，只如升階入門，長者居前，少者在後，此便是禮；然須揖讓而後升，揖讓而後入，此便是和。相遇於途，少者揖、長者荅，此便是禮；相揖之後須有一二語相與問荅，此便是和。事無大小，莫不皆然。註言「禮之體雖嚴，而皆出於自然之理，故其爲用，必從容不迫，乃爲可貴」，此乃解「用」爲體用之用，禮爲體，和爲用也。程子言「禮勝則離，故禮之用，和爲貴」，蓋謂禮難獨行，必兼用和，然後爲貴。此與註文體用之説不同，二説相較，程子之説爲是。

信近於義，言可復也；恭近於禮，遠恥辱也。〇註：約信而合其宜，則言必可踐矣。致恭而中其節，則能遠恥辱矣。

「必」「能」二字太重，結意之語不全。宜云：約信而合其宜，言乃可踐矣；不合其宜，不可踐也。致恭而中其節，斯遠恥辱矣；不中其節，反招辱也。

因不失其親，亦可宗也。○註：因，猶依也。宗，猶主也。所依者不失其可親之人，亦可以宗而主之矣。

可以宗而主之，蓋謂受依之人可主。既言可親，又言可主，語意重複矣。主與依意亦相犯。舊說宗敬也，既能親仁，比義不有所失，則有知人之鑒，故可宗敬也。此謂來依之人可敬。於本段中大意則順，然與上兩節語意不倫。又所謂知人之鑒者，止是能知他人之善，非能自有其善，不足以當宗敬之意，二說義皆不完。王滹南直謂此一節爲不可通，愚謂「因」至「宗也」九字，蓋別是一章，首闕言者姓名，誤與上兩節合而爲一，故不通也。若自作一章，義理便圓。因，猶依也；宗，猶敬也。所依不失可親之人，既能取友，必端其爲人也，亦必端矣，故亦可以宗敬也。觀遠臣以其所主即此意也。

君子食無求飽，居無求安。○註：不求安飽者，志有在而不暇及也。

不暇及者，欲心潛伏，有所待耳；有暇可及，必求之矣。無求，不專求也。蓋言志學之士，於奉養口體之物無嗜欲苟貪之心，敏事慎言，正於有道，所專務者在此，不專在於安飽也。

子貢曰：「貧而無諂，富而無驕，何如？」子曰：「可也。未若貧而樂，富而好禮者也。」

〇註：諂，卑屈也。驕，矜肆也。無諂無驕，則知自守矣，而未能超乎貧富之外也。樂則心廣體胖而忘其貧，好禮則安處善，樂循理，亦不自知其富矣。

貧賤不能移，富貴不能淫，惟有守者爲。然能知自守與其僅無驕諂者，地位相去蓋已遠矣。安處善樂循理，亦是安仁境界，不專在於好禮也。又以超乎貧富之外與無諂無驕爲對，意亦不的。蓋無諂者僅能免其阿媚卑屈而已，未至於甘貧樂道而有心廣體胖之安也；無驕者僅能除去蹇傲矜肆而已，未至於端躬好禮而有崇敬謙光之美也。僅可未若之等第如此，不可不審辨之也。

爲政第二

爲政以德，譬如北辰，居其所而衆星共之。〇註：爲政以德，則無爲而天下歸之，其象如此。

天下歸之，惟王者爲，然此章非特爲王者設也。蓋普言爲政者道之以德，則衆皆歸服，如衆星之共北辰也。治一邑則一邑之衆歸服，治一國則一國之衆歸服，治天下則天下之衆歸服。爲政以德，本無定所，不可專以天下爲言。

有恥且格。○註：格，至也。民恥於不善，而又有以至於善也。一説，格，正也。書曰：格其非心。

註文前説文不可通，格字既在一句之末，其下别無字，義以格爲至，與全句通讀，乃是「有恥且至」，不知至爲至甚也？今言有以至於善，善字乃贅文耳。後一説以格爲正，於理爲順，蓋言既恥所犯，又歸於正也。

吾十有五而志於學，三十而立。○註：志乎此，則念念在此而爲之不厭矣。有以自立，則守之固而無所事志矣。

志學乃一章之本，「立」以下皆志學所成之事物也。立者，心有定止，不隨物欲變遷之謂。有定然後静安能慮，慮然後能得事物之理，所以不惑也。既於事物不惑，由事物之理體知天命天人之際，既已洞達，凡有所聞，耳皆順熟，施之於行事，隨其心之所欲，自然不踰規矩。下學上達，其序如此。志學於數者之中，始終無有間斷，纔有斷止，事便無成。今謂三十而立則無所事志，與其「爲之不厭」之説已自相窒，又況立乃以志爲本、志去則立隨之而仆矣，斷無志亡立存之理，見有之，立猶不能自存，又安有進進不已，積累以至從心所欲不踰矩者之道哉？

父母惟其疾之憂。 ○註：言父母愛子之心，無所不至，惟恐其有疾病，常以爲憂也。人子體此，而以父母之心爲心，則凡所以守其身者，自不容於不謹矣，豈不可以爲孝乎？舊説，人子能使父母不以其陷於不義爲憂，而獨以其疾病爲憂，乃可爲孝。亦通。

準前説以觀夫子之言，教人爲孝，不言人子用心，而言父母之心，但云父母惟恐有疾爲憂，此外寂然更無一語。所謂體父母之心爲心者，終不顯言，使問者自爲臆度，與夫「吾無隱乎爾」「我叩其兩端而竭焉」者大不相類。上章荅孟懿子之言，初亦有隱，蓋由見其所問非誠，故但荅以「無違」而已。懿子果不再問，夫子又恐失其本指，所以備告樊遲也。初不盡言者，有所爲而然也，終以告樊遲者，聖人無隱之本心也，非如此説縈回宛轉，終不正言爲孝之道也。由是觀之，惟舊説爲是。

今之孝者，是謂能養。至於犬馬，皆能有養；不敬，何以别乎？○註：養，謂飲食供奉也。犬馬待人而食，亦若養然。言人畜犬馬，皆能有以養之，若養其親而敬不至，則與養犬馬者何異，甚言不敬之罪，所以深警之也。

奉養，非但飲食而已，至於居處衣服、僮僕車馬，一切所須及有事服勞，皆奉養也。此章舊説有二：一曰，犬守禦、馬代勞，皆能有以養人者，但畜獸無知，不能生敬於人，若供養父母而不敬，則何以别於犬馬乎？一曰，人於犬馬飲之食之，資其爲人用耳，而不敬此犬馬也，養父母而不敬，何以别於犬馬乎？前説以犬馬喻人子，後説以犬馬喻父母，註文與後説意同。以犬馬之無知喻其爲子之不敬，於義爲安；以禽獸况父母，於義安乎？註言深警不敬之罪，若只從前説，以其爲子不敬比爲無知之犬馬，警之之意亦豈淺邪？但以文勢觀之，亦惟犬馬養人爲順，况「養」字本讀爲去聲，於義下奉上也。今言人養犬馬，却是上之畜下，下「養」字當改爲上聲，二字音義既殊，本經之義亂矣。惟從舊註前説，則無此數病。

色難。○註：孝子之有深愛者，必有和氣；有和氣者，必有愉色；有愉色者，必有婉容；故事親之際，惟色爲難耳。舊説，承順父母顔色爲難，亦通。

婉容，嫵媚之容，如老萊子衣斑斕之衣，仆地作嬰兒啼者是也，此孝子深愛之心形諸外者之極致也。承順之義，雖能順從父母顔色而不違其所欲，然己之顔色端肅莊嚴，亦非事親之道也。愉色婉容能兼承順之意，承順之意不能兼愉色婉容，「舊説亦通」，許之過也。

有酒食，先生饌。○註：食，音嗣。食，飯也。饌，飲食之也。

有酒飯，先生饌，除酒之外於諸品食物中不言其他，單以飯言，供奉父母，與酒配者亦豈飯之一味而已哉？酒食之「食」，舊讀與飲之食之之「食」同，音爲蝕，音雖同，義則異矣。食之之「食」，口之啗物之謂也，「不撤薑食」「不多食者」之「食」皆其類也；酒食之「食」乃其諸品食物之總名，而「恥惡衣惡食」「君賜食者」之「食」亦其類也。既以酒食爲酒飼，惡衣惡食亦當作惡衣惡飼，君賜食亦當作君賜飼。今也或從新音爲「飼」，或從舊讀爲「蝕」，一經之中，字同意同，而爲兩讀，既有一是，必有一非，不容不爲辨之也。傍考先儒解經之例：「薦其時食」，未有以時食爲時飼，解爲薦其時飯者；「需于酒食」，未有以酒食爲酒飼，解爲需于酒飯者。質諸世人通知之事，酒食、衣食人所常言，「食」字皆從蝕音，天下古今無有異也。今乃創音爲「飼」，或嘗以酒飼之語施之於談話之間，聞者往往爲之發笑，欲使天下之人皆從此説，不言酒蝕而言酒飼，不言衣蝕而言衣飼，其亦難矣。本分言之，止從舊音，讀爲酒蝕乃爲通順。

視其所以。○註：以，爲也。爲善者爲君子，爲惡者爲小人。

「視其所以，觀其所由，察其所安」三句，通爲觀人一法，意脉相次，各有界畔，説者不可有相踰越也。註文於「視其所以」之下，便言爲善者爲君子，爲惡者爲小人，只於此處已見盡爲人善惡之實，後二句將無所道。於「所由」之下，却説「事雖爲善，而意之所從來者有未善焉，則亦不得爲君子矣」，此於「觀其所由」意固不差，但前已許爲君子者，又當置之何地也？

又解「察其所安」云：「安，所樂也。所由雖善，而心所樂者不在於是，則亦僞耳」，此惟辨其所爲，似善者則可辨，其似不善者，則「安」字爲無説也。南軒曰：「所安，謂心之所主。」此爲得之。蓋「所以」者，言其見爲之事也；「所由」者，言其事迹來歷從由也；「所安」者，言其本心所主定止之處也。觀人之道，必先視其見爲之事以審詳之。見所爲者雖善，未可遽以爲君子也；見所爲者雖不善，未可遽以爲小人也。王莽未簒之前，恭儉禮讓，似其爲善，若視其爲善者便以爲君子，則王莽爲君子矣；伊尹初放太甲，斥主逐君，似其爲惡，若視其爲惡者便以爲小人，則伊尹爲小人矣。須更觀其事迹來歷從由，循其從由以察本心所主定止之處，則王莽心主於簒漢，伊尹心主於致君，至此則君子小人善惡之實始可判矣。至於聽訟決獄、剖析是非，必須由此乃得其情，非惟辨別君子小人而已。

註又言「觀」比「視」爲詳，「察」則又加詳焉者，是亦不然。蓋「視」與「觀」用皆在外，「察」則用乃在内，「所以」「所由」以事言，故用「視」「觀」；「所安」以心言，故用「察」，取其知也。「視」與「觀」取其見也；「視」與「觀」亦無詳略之别，乃變文耳，然「觀」與「察」亦有時同用，顧所言之事意何如耳，此又不可不知也。

先行其言而後從之。○註：周氏曰：「先行其言者，行之於未言之前；而後從之者，言之於既行之後。」

先行其言者，「行其」與「言」相配爲文，乃是行用其言，非謂行在言前也；而後從之者，「言」字已屬上句，本句中無言字之意，非謂言在行後也。果如周氏之説，先行其言若作行先其言，是謂行之於未言之前也，而後從之若作言後從之，是謂言之於既行之後也。若無改經就註之理，須以先行二字自爲一句，其言二字分屬下句，猶能免其自相窒礙，而周氏之文未嘗如此，假使委曲遷就改成其文，於事理終亦不是。大抵人之行事，必有言約在前，行從其言，此正理也。以言從行，君子不爲，事既行矣，安用更言？若每事於既行之後，必須以言從之，意亦涉於伐善矣。

此章本戒子貢輕易其言，行猶出也，蓋謂言不可輕發，必須慎擇，既出其言，後能從之，則爲君子矣。語言輕發而不能從，言不顧行，行不副言，不得謂之君子矣。子貢嘗言「我不欲人之加諸我也，吾亦欲無加諸人」，孔子謂其「非爾所及」，正爲見其言之輕發，有所未能從者，故因其問而戒之也。古者「言之不出，恥躬之不逮也」意與此同。

學而不思則罔，思而不學則殆。○註：不求諸心，故昏而無得；不習其事，故危而不安。

此章學與思相須爲義，闕一則不可。註文上兩句單説不思，而遺其學，下兩句單説不學，而遺其思，義皆不完。不求諸心，故昏而無得，此言不思之蔽也，思則宜乎無蔽矣。下文既思又有危而不安，何也？不習其事故。危而不安，此言不學之蔽也，學則宜乎無蔽矣，上文既學又有昏而無得，何也？蓋學謂求問於師，思謂研窮其理，罔謂虛罔，殆謂疲殆。學而不思則罔者，言其雖亦求問於師，不自研窮其理，則其見趣罔然，所得無實也；思而不學則殆者，言其雖自研思，而不求問，則其精神疲殆，所致不遠也。舊説：「雖從師學，而不尋思其義，則罔然無所得也。但自尋思，而不往從師學，終亦不得其義，徒使精神疲勞倦殆也。」明道曰：「學不思則無得，力索而不求問則勞殆。」二説大意皆是。然學而不思，不可直以爲絶無所得，但其在内者所得無實耳；思而不學，不可直以爲徒自勞殆，但以疲殆而所致不遠耳。

知之爲知之，不知爲不知，是知也。○註：但所知者則以爲知，所不知者則以爲不知。如此則無自欺之蔽，亦不害其爲知矣。况由此而求之，又有可知之理。

註文解知之爲知之，不知爲不知，語意皆圓。解「是知也」三字，言有未當。知謂實知也，所知者則以爲知，所不知者則以爲不知，如此則無自欺之蔽，心公理得，知皆實知，故曰是知也。

舉直錯諸枉，則民服；舉枉錯諸直，則民不服。○註：程子曰：「舉錯得義，則人心服。」謝氏曰：「好直而惡枉，天下之至情也。順之則服，逆之則去，必然之理也。然或無道以照之，則以直爲枉，以枉爲直者多矣，是以君子大居敬而貴窮理也。」

舊説：舉正直之人用之，廢置邪枉之人，程、謝之説「枉」「直」二字未明，不知以人言邪？以事言邪？學者多作事之枉直，王滹南曰：「夫子荅樊遲知人之説曰：『舉直錯諸枉，能使枉者直』，而子夏即荅以舜、湯舉伊、皐，不仁者遠，則舊説是矣。」此論引證甚明，今從之。

季康子問：「使民敬、忠以勸，如之何？」子曰：「臨之以莊則敬，孝慈則忠，舉善而教不能則勸。」○註：張敬夫曰：「此皆在我所當爲，非爲欲使民敬忠以勸而爲之也。然能如是，則其應蓋有不期而然者矣。」

此過高之論，無及民及物之念。聖人之道，本所以維持天下國家，事皆在於三綱五常之内，無非在我所當爲者，然亦以成物之實效爲期。天下國家遵以爲治，何嘗有不期而然者哉？中庸曰：「誠者，非自成己而已也，所以成物也。」此亦可爲明證矣。況此章明有康子之問，求其使民敬忠以勸之道於夫子，故夫子對其所問一一指示：如此則民敬，如此則民忠，如此則民勸，未有一字意不在於民者。而張敬夫目睹如此明文，而曰「非爲欲使民敬忠以勸而爲之也」，誣經甚矣。若從此説，則「慎終追遠」「君子篤於親」「故舊不遺」，亦皆在我所當爲；不當更言「民德歸厚」「民興於仁」「則民不偷」也。此等議論，專務高遠，迂誕無實。不惟誤己，而其誤人。敗事之患，蓋有不可勝言者。此近世學者之深蔽，不可不辨。

書云：「孝乎惟孝，友于兄弟，施於有政。」是亦爲政，奚其爲爲政？○註：書云孝乎者，言書之言孝如此也，言君陳能孝於親，友于兄弟，又能推廣此心，以爲一家之政，則是亦爲政矣，何必居位乃爲爲政乎？

言孝如此，未曉其説，經中亦無「如此」二字之意。夫子之言首稱「書云孝乎」，蓋孝爲一章之主意，而註文乃云能孝於親，友於兄弟。孝與友相對停言，與本經之意異矣。只「惟孝」二字亦不可自爲一意，須當與「友于兄弟」連作一句通説，蓋言惟孝能友於兄弟也，不孝於父母而能友於兄弟者，未之有也。註又言以爲一家之政者，語脉亦太直截，文理有所未備。「有政」二字，意固在於一家之政，然有「有」字爲之宛轉，却非直説一家也。施於有政，蓋言施於但有政事之處也，又所謂「何必居位」乃爲爲政者。單讀此註，語意甚順，若與經文字字對說，則不能通矣。「奚其」與「爲爲政」之間，本無安下「居位」二字之處，奚其爲爲政者，何者爲爲政也？試通言之，書云孝乎者，夫子反問或人也。云，猶言也。蓋問或人：「汝聞書之言孝乎？惟孝能友于兄弟。」推此施於但有政事之處，如齊一家，亦是爲政，復謂何者爲爲政乎？

殷因於夏禮，所損益，可知也；周因於殷禮，所損益，可知也；其或繼周者，雖百世可知也。○註：馬氏曰：「所因，謂三綱五常。所損益，謂文質三統。」

三綱五常，文質三統，註文言之備矣，文多今不具載。文質之說，以爲夏尚忠，商尚質，周尚文，參考舊註，初無此說。「所因，謂三綱五常。所損益，謂文質三統。」馬氏本文止此而已。疏云：「夏尚文，殷則損文而益質。」又曰「王者必一質一文，質法天，文法地」而已，亦不言其有尚忠者。董仲舒云：「夏尚忠，殷尚敬，周尚文。」註文與此亦不盡同，當是別有所據。然其義實不通，文與質固有分言之理，忠與文質何可分邪？況忠乃人道之切務，天下國家不可須臾離也，豈有損去不用者哉？

今從註文推其三代損益之義，夏則尚忠，至殷則損忠而益質，周又損質而益文，由是言之，惟夏尚忠，殷與周皆不尚也。爲臣者以不忠事君，爲子者以不忠事父，兄弟夫婦朋友之間皆不以忠誠相待，而以詐僞相欺，欲其久安而不亂，不可得也。殷周之治，豈容如此之盛？歷年豈容如此之遠哉？且文質損益，假如實曾如此輪流，而繼周者不復曾有三統互用，亦惟至秦而止，皆非百世可知之道。況夫子於三代正朔，惟許行夏之時，不應却說三統爲百世可知也，尋繹經文「因」與「損益」之間，實亦無該三綱五常、文質三統之處。自馬融引此爲說，襲傳既久，今又因之，而尚忠一說，又出馬融所引之外，學者不得無惑也。「子張問：『十世可知也』」，初不知果問何事，但夫子所荅乃是禮之損益之道。子張之問疑有闕文，大抵此章止是言禮。

蓋禮之大體，萬世不改，所損益者，禮之時宜，歷代相承，載在典籍，故雖百世可知也。註又云：「其所損益，不過文章制度小過不及之間」，此說却依本分，然與文質三統之說豈不自相乖戾邪？胡氏曰：「天叙天秩，人所共由，禮之本也。商不能改乎夏，周不能改乎商，天地之常經也。若乃制度文爲，或太過則當損，或不及則當益。益之損之，與時宜之，而所因者不壞，是古今之通義也。」南軒曰：「三王之禮，各因世而損益之。」二論意同。皆無三綱五常，文質三統之説，足以正馬氏之誤。王滹南曰：「孔子言三代相因，損益可知者，此專指禮云爾。馬融以所因爲三綱五常，所損益爲文質三統，殆是妄説。」此亦真識之論，皆有益於後學者也。

四書辨疑卷三　論語

八佾第三

孔子謂季氏：「八佾舞於庭，是可忍也，孰不可忍也？」○註：季氏以大夫而僭用天子之樂，孔子言其此事尚忍爲之，則何事不可忍爲。或曰：「忍，容忍也。」蓋深疾之之辭。范氏曰：「孔子爲政，先正禮樂，則季氏之罪不容誅矣。」

訓「忍」爲容，便有攘袂切齒之狀，聖人氣象恐不如此。若謂夫子容忍不過，此言既出其勢，豈容自己須當有所區處，言罷却便無事，何也？又下章責三家之言如此平易，而此章如此躁忿，夫子之性情何其不恒如此邪？范氏所論尤爲過，當僭竊天子之樂，非獨季氏爲然，孟孫、叔孫亦以雍徹，皆坦然爲之，略無忌憚。蓋由周道既衰，綱常壞亂，下之僭上，習以爲常，有王者作，亦須教之，不改然後誅之，聖人爲心，必無預期誅之之理。或曰與范氏之說皆不可取。

謝氏曰：「君子於所不當爲、不敢須臾處不忍故也，而季氏忍此矣，則雖弑父與君，亦何憚而不爲乎？」南軒曰：「季氏以陪臣而僭用天子之舞，目睹其數而安焉，於焉而忍爲，則亦何往而不忍也？」

二論與註文前說爲當。

禮，與其奢也，寧儉；喪，與其易也，寧戚。○註：禮貴得中，奢易則過於文，儉戚則不及而質，二者皆未合禮。然凡物之理，必先有質而後有文，則質乃禮之本也。

夫子一聞林放之問，遽稱曰：「大哉問」，於其所荅宜無不盡，既而但言「禮，與其奢也，寧儉；喪，與其易也，寧戚」。荅其「大哉」之問，止此兩句而已，寧儉、寧戚又是謂此差勝於彼之辭，終未嘗竭其兩端、了了明明指定何者爲禮之本。註文直以儉戚當之，義實未安，此章疑有脱簡，不可强解。

夷狄之有君，不如諸夏之亡也。○註：亡，古無字。程子曰：「夷狄且有君長，不如諸夏之僭亂，反無上下之分也。」尹氏曰：「孔子傷時之亂而歎之也。亡，非實亡，雖有之，不能盡其道爾。」

程子説有君、亡君，大意皆是，尹氏單説亡君，不説有君。南軒諸人之説，解亡君皆非實爲亡君，解有君皆是實爲有君。亡字之説皆是，有字之説皆非。有與亡今通言之，如言不有其父、不有其君，有字當準此義爲説。有君者，有其君者也。如言有無父之心、有無君之心，亡字當準此義爲説。亡君者，亡其君者也。蓋謂夷狄尊奉君命，而有上下之分，是爲有其君矣；諸夏蔑棄君命，而無上下之分，是爲亡其君矣。此夫子傷時亂而歎之也，又「如」字作「似」字説，意爲易見。

或問禘之説。子曰：「不知也。知其説者之於天下也，其如示諸斯乎！」指其掌。○註：先王報本追遠之意，莫深於禘。非仁孝誠敬之至，不足以與此，非或人之所及也。而不王不禘之法，又魯之所當諱者，故以不知荅之。弟子記夫子言此而自指其掌，言其明且易也。蓋知禘之説，則理無不明，誠無不格，而天下不難治矣。

註文解不知之意，前言非或人所及，後言又魯之所當諱者，故以不知荅之，於夫子「不知也」之一語中一併安排兩意，亦由所見之不一也。以理推之，惟魯之所當諱者一説爲是，又觀所解指其掌之一節，於「魯所當諱，故以不知荅之」之下繼言「夫子言此而自指其掌，言其明且易也」，此以指其掌爲言禘之易知也，此外若無别説，則易知之意定矣。其下再説蓋知禘之説，而天下不難治，此又以指其掌爲言天下易治也。一易字之意而以兩圖爲説，亦甚未安。

註文本意蓋於中庸見其「明乎郊社之禮，禘嘗之義，治國其如示諸掌乎」，文與此章頗有同處。故於明且易之下，又言天下不難治也。殊不審兩經之文雖有數字相類，而其義實不同。中庸一章普言以孝爲治之易，「禘嘗」二字乃是於宗廟祀先之禮中舉其大槩耳，非如此章專言禘之一事也。如云「修其祖廟，陳其宗器，設其裳衣，薦其時食」，又云「事死如事生，事亡如事存」。蓋以爲慎終追遠，則民德歸厚，故言治國如示諸掌，非虚語也。

今言知禘之説，則理無不明，誠無不格，而天下不難治。以公論評之，僅知禘之一説便能明盡事物之理，纔知其説，未嘗持守奉行，便能無不感格，皆無此理。況自三代而下，以及於今，知禘之説者蓋不少也，未聞皆能平治天下如示手掌之易也。由此觀之，則其所謂天下不難治者，蓋亦無據之空言耳。

大抵此章發源於魯之禘祭，魯以諸侯而用天子之大祭，非禮甚矣。故夫子於自灌以往，皆不欲觀。或人見有是言，因問其説。夫子以魯之僭竊不可斥言，故先荅以不知，而後告以知之不難之意，乃言知其禘之説者達之於天下，其如示諸手掌之易見也。始於「禘，自既灌而往」，盡於「指其掌」之句終，上下一意如綫，本是一章，不可分之爲二也。

二三子，何患於喪乎？天下之無道也久矣，天將以夫子爲木鐸。○註：喪，謂失位去國。木鐸，金口木舌，施政教時所振，以警衆者也。言亂極當治，天必將使夫子得位設教，不久失位也。或曰：「木鐸所以徇于道路，言天使夫子失位，周流四方以行其教，如木鐸之徇于道路也。」

前說言天使夫子得位，後說言天使夫子失位，二說之不同如此，皆以爲是，何也？且夫子删詩書，正禮樂，贊周易，作春秋，及與門弟子諸人荅問之格言流傳以教後世，其道與日月並明，與天地同久，豈得位當時周流四方所能致哉？得位設教，蓋所以體其木鐸之施教所振而言也。周流四方，又所以象其木鐸之徇於道路而言也。二者之意皆不廣遠，形容夫子之道業不出當代而已，恐非善知聖人者。

木鐸之諭，本以取其發聲爲義，蓋言：二三子何患夫子之無位乎，天下失教無道久矣，天將以夫子振揚斯文，爲鳴道之木鐸，發洪音於天下，傳聖教於無窮也。南軒曰：「天固將使夫子振斯文以覺方來也。」此說亦取木鐸之發聲爲義。

居上不寬，爲禮不敬，臨喪不哀，吾何以觀之哉？○註：居上主於愛人，故以寬爲本。爲禮以敬爲本，臨喪以哀爲本。既無其本，則以何者而觀其所行之得失乎？

不正責見有之過，却欲别觀他處得失，亦迂闊矣。居上褊隘而不寬，爲禮傲惰而不敬，臨喪無哀戚之情，今人中似此者甚多，見其情態者無不惡之。夫子之言亦只是惡其見有之不寬、不敬、不哀而不欲觀，非謂無此三本無以觀其他所行之得失也。

里仁第四

知者利仁。〇註：利，猶貪也，蓋深知篤好而必欲得之也。

註文主意蓋以智本性之所有，而爲道中之用不可使有功利之意，故宛轉其說，化「利」字爲深知篤好，終不正言利之本真，亦過高之論也。謝氏曰：「知者，謂之有所見則可，謂之有所得則不可。」此說分判得「見」與「得」，有理然須有得，然後能好，好然後得益有進，篤好則得之深，而居之安矣。好仁者無以尚之，蓋謂此也。

若以篤好爲利仁，則利與安無所分別，仁智之道不可辨也。蓋仁者志不專在仁之功效，自然安而處之，故曰安仁；智者志在於仁之功效，知有利益而爲之，故曰利仁。仁者安仁，知者利仁，蓋亦言其仁智之本體如此，非謂仁智之用分道而行，如水火之不可相合，仁者不能有智，智者不能有仁也。聖人教人，二者未嘗有所偏也。

言處己，義皆在於安仁；言成物，義皆在於利仁。如君子篤於親則民興於仁，未有仁而遺其親者也，未有義而後其君者也，若此類者皆取仁義及物之功而言，此則利仁之事，蓋不以利爲利，以仁爲利也。南軒曰：「利仁者知仁之爲美，擇而爲之，故曰利也。」語録荅「舜由仁義而行」之問曰：「利仁豈是不好底，知仁之爲利而行之。」此說却公，與南軒之說無異。

富與貴，是人之所欲也，不以其道得之，不處也；貧與賤，是人之所惡也，不以其道得之，不去也。○註：不以其道得之，謂不當得而得之，然於富貴則不處，於貧賤則不去。

註文無詳說，是非皆不大顯，無多辨也。南軒曰：「正而獲伸者理之常，此以其道而得富貴者也。不正而詘亦理之常，此以其道而得貧賤者也。然世有反是而得富貴貧賤者矣，所謂不以其道也。枉道而得富貴，已則守義而不處，在己者正。不幸而得貧賤，已則安於命而不去。」此說比註文爲詳，學者多宗之。然似是而非者，足以惑衆，故不得不辨。

此章本論君子處己之道，以其道、不以其道，皆於各人見行事上以義言之，見行之事合義是爲以其道也，見行之事不合義是爲不以其道也。今南軒所論，却是一槩指定正人只富貴便是以其道，只貧賤便是不以其道；不正之人只貧賤便是以其道，只富貴便是不以其道。與各人見行之事合義、不合義了不相關，是豈經之本意邪？經所言者本論人之所行是與不是，以其道是謂人以其道，不以其道是謂人不以其道。南軒之説乃論天之所行是與不是，以其道是謂天以其道，不以其道是謂天不以其道。天本無私，何嘗不以其道哉？

惟「枉道而得富貴，己則守義而不處」之一節，意若在於人事者，然己先枉道不正，豈有却能守義而不處其富貴者乎？南軒本擬中庸「大德必得其位，必得其禄」之説而言，然中庸但言事之當然，未嘗兼論時世也。孔子豈非大德乎？而其位不過諸侯之大夫，年不過中壽而已，蓋亦時運氣數使之然也。夫善惡邪正詘伸有時，進退行藏可否有義。

明治之世，君子道長，小人道消，正而獲伸，不正而詘，固理之常；昏亂之世，小人道長，君子道消，不正獲伸，正而受詘，亦理之常。今以「枉道而得富貴」與「其在己者正」「而得貧賤者」皆爲反理之常，非通論也。若枉道不正之人於至明至治之世，獲伸而得富貴善終者，無是理也。堯朝四凶，終見殛竄，周室管蔡，不免誅戮，豈非驗歟？正直有道之人，於明治之世，不伸而得貧賤者，蓋亦有由而然。若隱居不求其伸，貧賤乃性中所得，即非不以其道；若有故不得其伸，貧賤乃命中所得，亦非不以其道，皆非反理之常。惟正人亂世富貴，邪人亂世貧賤，似爲反常。然正人於昏亂之世，實無志願可伸，安於富貴之理。亂世安於富貴，非正人也。邪人之於亂世，當其志欲得伸，可以必取富貴之時，而乃反得貧賤者，亦由羣邪相聚，互相擠排，自取之耳，謂反常理又不可也。然則富貴於義有不取，貧賤在天有不免。

由此觀之，不以其道之富貴，誠有之矣；不以其道之貧賤，未之有也。説者先須立定「得」字之義，不可直言得富貴、得貧賤也。「得」謂有所得也，有所得然後處富貴，有所得然後去貧賤。所得者，得其處富貴去貧賤之資也。富以禄言，貴以位言，得禄則處富而去貧，得位則處貴而去賤。富貴雖人之所欲，若所得之禄位不義，則卻之而不受，寧捨富貴而不處；貧賤雖人之所惡，若所得之禄位不義則卻之而不受，寧守貧賤而不去，此之謂也。

君子去仁，惡乎成名？〇註：言君子所以爲君子，以其仁也。若貪富貴而厭貧賤，則是自離其仁，而無君子之實矣，何以成其名乎？

前段論富貴貧賤、去就之道，自此以下至「顛沛必於是」止，是言君子不可須臾去仁。彼專論義，此專説仁，前後兩段各不相關，自漢儒通作一章，註文因之，故不免有所遷就而爲貪富貴厭貧賤之説。本段經文意不及此，後註又言取舍之分明，然後存養之功密，以理言之，未有在内不先存養，而在外先能明於取舍者。

南軒曰：「君子之所以爲君子者，以其不已於仁也，去仁則何自而成君子之名哉？」此説本分，與前段富貴貧賤之意不復相關，蓋亦見兩段經文難爲一意，故不用諸家之説也，然無顯斷，猶與上段連作一章，前後兩意愈難通説。予謂「君子」以下二十七字當自爲一章，仍取南軒之説爲正。

好仁者，無以尚之；惡不仁者，其爲仁矣。○註：好仁者真知仁之可好，故天下之物無以加之。惡不仁者真知不仁之可惡，故其所以爲仁者，必能絶去不仁之事，而不使少有及於其身。

真知仁之可好者，纔是知其仁爲可好，猶未實曾好之也。真知不仁之可惡者，纔是知其不仁爲可惡，猶未實曾惡之也。二者義皆未足，又「無以尚之」本言善無可加也，而註文解爲天下之物無以加之，此蓋疑其與「好之者不如樂之者」相窒，而有迴避之意也。

蓋好與樂大同而小有異，樂則至矣，好則有淺有深，好之者不如樂之者，以其好有淺深而言也。「好仁者，無以尚之」以其篤好而言也。大抵樂則好，好則樂，未有不樂而能好，不好而能樂者，好仁至於篤好，則得之深而安樂之矣。故曰「無以尚之」，言其善無再加也，何有關於天下之物哉？又以故其所以爲仁者七字略過，「其爲仁矣」之一句而無明說，亦似有礙於學者。「爲」字與上篇「其爲仁之本與」之「爲」同，蓋言惡不仁者，其亦爲仁之人矣。不仁之事不使有之於其身也。南軒曰：「好仁者非深造者不能，故曰無以尚之。其次則惡不仁，惡不仁是亦爲仁者也。」此爲依平之説。

蓋有之矣，我未之見也。○註：蓋，疑詞。有之，謂有用力而力不足者。蓋人之氣質不同，故疑亦容或有此昏弱之甚，欲進而不能者，但我偶未之見耳。蓋不敢終以爲易，而又嘆人之莫肯用力於仁也。

神識至於昏弱之甚，乃其氣質極偏，天性之光明無可容之地，是爲下愚不移之人。渠亦豈能有欲進之志哉？果有自強欲進之志，不可謂之昏弱之甚也。上文「我未見力不足者」，所以明其仁實易爲，警其不肯爲者也。彼昏弱之甚，誠不能而非不爲者，宜乎不在夫子所警也。所謂疑亦容或有此，又言不敢終以爲易者，皆以蓋有之言謂是實亦有此也。前已言無，後却言有，前言至易，後言非易，何其言之不一也？蓋仁本在己，不必他求，我欲仁，斯仁至矣，心肯爲之，誠不難及。故夫子言其易爲而無力不足者，此確論也。復言「蓋有之矣，我未之見也」，非爲反其前言而謂實亦有此也。此等語意，常話中往往有之，先言我未嘗見有如此之事，後乃再言世間管也曾有此事，我實未嘗見也，此正決定必無之辭，夫子之言亦猶是也。

人之過也，各於其黨。觀過，斯知仁矣。〇註：程子曰：「人之過也，各於其類。君子常失於厚，小人常失於薄；君子過於愛，小人過於忍。」尹氏曰：「於此觀之，則人之仁不仁可知矣。」吳氏曰：「後漢吳祐謂：『掾以親故受汙辱之名，所謂觀過知仁』是也。」

經文止言「斯知仁矣」，未嘗言知不仁也。程子、尹氏仁與不仁皆兩言之。若知其失則斯人之過，必須審其事之由，方始知人之誤有過犯，但非故爲者，皆當原知其情，豈直仁人有過，方始知至於知其失於薄過於忍者爲不仁，則斯知仁矣無可說也。且人之誤有過犯，但非故爲者，皆當原知其情，豈直仁人有過，方始知之邪？蓋知仁云者，乃是自知仁之道理，仁字不可說，在他人觀人之過，必須審其事之從由，分別善惡黨類，察見本然之情，使無枉濫，斯爲知其仁之理矣。此以觀過者爲知仁，非謂知其有過者之仁也。

吴氏所引吴祐之事，正當以吴祐爲知仁理之人，不可謂知其掾爲仁人也，如唐之陳敬瑄爲西川節度使，使其麾下討賊，俘虜來者，皆村居平民。敬瑄更不循問來歷，無論男女老幼皆殺之，正由處心無良，不知仁理，故其所爲殘暴至此。惟高仁厚乃能審知賊黨同惡之人，止是阡能、羅渾擎等數人而已，餘皆蚩蚩之民，豈有禍國之心，不過爲賊誘脅而來，惟能審此而處置得宜，故出師六日，五賊皆平，所誅纔六人耳，餘衆數萬皆驩呼鼓舞，各歸本業，如仁厚當時之用心，可謂各於其黨，觀過，斯爲知仁理之人矣。

士志於道而恥惡衣惡食者，未足與議也。○註：心欲求道，而以口體之奉不若人爲恥，其識趣卑陋甚矣，何足與議道哉？

志於道乃是專心致志於道，心欲求道却是恰纔有心將欲求道，二者淺深不同。「志於」二字與「志于學」之「志于」無異，「吾十有五而志于學」，註云：「志乎此則念念在此，而爲之不厭矣。」此説誠是，今解「志於道」爲心欲求道，二説已自不同。又後篇「志於道，據於德」若準今説，亦解志於道爲心欲求道，則與據德依仁亦不倫矣。解此章者，宜曰：士當專志在道，而或以衣食麤惡爲恥者，乃是志不在道而役乎外，不足與議於道也。

君子懷德，小人懷土；君子懷刑，小人懷惠。○註：懷，思念也。懷德，謂存其固有之善。懷土，謂溺其所處之安。懷刑，謂畏法。懷惠，謂貪利。

既以懷爲思念，而於通解處却不全用思念之意。四懷字之説意各不同，四者之事亦不相類。懷德解爲存其固有之善，懷刑解爲畏法，存是存在，畏是畏懼，皆與思念意不相干。所謂固有之善者，蓋以德爲自己之德也。四者之中，土、刑、惠皆在己身之外，惟此却爲己所固有之物，事不相類。

所謂畏法者，蓋以刑爲刑罰之刑也，四者之中，德、土、惠皆在人心所欲，惟此却爲人所畏避之物，意亦不倫。

德不可説爲自己之德，刑與德皆當歸之於國家。「德」與「德之流行」之「德」同，蓋謂國家之仁政也。「刑」與「刑于四海」之「刑」同，蓋謂國家之法則也。土謂國土，惠謂恩惠。

此章本論君子小人志趣不同，君子之心普及於衆，小人之志專在於己也。君子懷德，思念養民之仁政也；小人懷土，思念便己之國土也。君子懷刑，思念齊民之法則也；小人懷惠，思念私己之恩惠也。

吾道一以貫之。○註：聖人之心，渾然一理，而汎應曲當，用各不同。

「一」字乃一章之總要，而註文略之，但散漫言其汎應曲當，用各不同，不知「一」果何謂也？「吾道一以貫之」者，「一」指理而云爾，蓋言吾所行之道，惟一理以貫之也。道者，事物相通之道路也。天下事物猶錢也，道猶錢竅也，理猶錢索也，理之貫道，猶索之貫於錢竅也，錢雖散處，各有從索之竅。事物雖殊，各有合理之道。父子有親，君臣有義，長幼有序，夫婦有別，朋友有信。至於親親而仁民，仁民而愛物，事事物物，差等不齊，千蹊萬徑各有攸往，一一推之，皆天理所在。理所不在，則窒而不通，必不可行，若楊朱爲我、墨翟兼愛者是也。吾儒之道，未有不循自然之理者，此所謂一理以貫之也。

夫子之道，忠恕而已矣。○註：盡己之謂忠，推己之謂恕。而已矣者，竭盡無餘之詞也。夫子之一理渾然而汎應曲當，譬則天地之至誠無息，萬物各得其所。自此之外，更無餘法。蓋至誠無息者，道之體也，萬殊之所以一本也；萬物各得其所者，道之用也，一本之所以萬殊也。

註文以忠恕爲貫道之實，所論本宗程子之說，而又增廣其意也。忠者天道，恕者人道。忠者無妄，恕者所以行乎忠也。忠，體也；恕，用也。此程子之說也。註文再衍爲天地之至誠無息，萬物各得其所，又繼之以萬殊之所以一本。一本之所以萬殊之說，初不知正指何事，而言觀其大意，蓋以天地之至誠無息與萬殊一本爲忠，萬物各得其所與一本萬殊爲恕，比於程子之說可謂遠之又遠矣。程子以忠爲天道，蓋擬中庸「誠者天之道」爲說，意謂忠便是誠也，蓋不察忠之與誠大同小異，不可與誠同爲天道也。忠本盡公事上之義，若言君忠於臣，父忠於子，斷爲不可。誠則上下交通，無處無之。在人則有忠，在天則惟誠，天惟一誠而已，何嘗更聞有忠邪？忠則止於人爲，非有關於天道也。

又所謂忠體恕用者，蓋以忠爲恕之體，恕爲忠之用也。夫盡己之實心、無私隱謂之忠，推己不欲，勿施於人謂之恕。忠自是忠，恕自是恕，豈有互爲體用之理？註又不説忠是恕之體，再指忠爲道之體，不説恕是忠之用，再指恕爲道之用，與程子之説已自不同。況忠恕但能違道不遠，今便以忠爲道之體，不亦躐等之甚乎？且仁包五常，忠亦在仁所包之內，今既獨爲道之體，仁則反爲忠所包矣，豈不悖哉？程子又言「維天之命，於穆不已」，忠也；「乾道變化，各正性命」，恕也。又有説川流不息、萬物散殊者，復有説賢人之忠恕、聖人之忠恕者，衆説紛紛，張大如此，旁牽曲引，無所不至，必欲使忠恕合而爲一，以成一貫之説。然忠恕兩物，宛然如舊，終不可使之爲一也。

夫聖人經世理人之道，在生民日用事物之間，皆循自然之天理而行。道必循理，理以貫道，忠與恕豈能通貫天下之道哉？東坡以爲一以貫之難言也，非門人之所及，故告之以忠恕。又楊龜山、游定夫親受説於程子，亦不免其爲疑，皆以忠恕爲姑應門人之語。王滹南辨惑惟取東坡、楊、游之説爲正，予與滹南意同。蓋當時問者必非曾門高第弟子，曾子以其未可以語一貫之詳，故以違道不遠之忠恕荅之也。向若有如子思者問之，則其所荅不止於此也。然其「而已矣」三字涉於太峻，使後人專執忠恕爲一，直謂貫道者更無餘法，轉致後人迷惑愈甚，由此三字故也。只就「違道不遠」之四字觀之，便可見忠恕不能貫道，貫道者惟理而已。

德不孤，必有鄰。○註：鄰，猶親也。德不孤立，必以類應，故有德者必有其類，從之如居之有鄰也。

註文本取坤卦文言「敬義立而德不孤」之義爲説，大意固亦相類，然經中有必字，義不可通。有德者固有類應相從之道，惟明治之世爲可必也。若昏亂之世，乃小人類進之時，君子則各自韜晦遠遯以避其害，却無類從不孤之理，「必」字於此不可解矣。「鄰」字解爲類從亦爲勉強。「德不孤，必有鄰」蓋言人之德業不能獨成，必有有德者，居相鄰近輔導之也。「魯無君子者，斯焉取斯」，義與此同。

四書辨疑卷四　論語

公冶長第五

子謂南容，「邦有道，不廢；邦無道，免於刑戮。」以其兄之子妻之。○註：不廢，言必見用也。以其謹於言行，故能見用於治朝，免禍於亂世也。

此蓋言夫子之於南容爲其有此二事，以其兄之子妻之。先進篇却説「南容三復白圭，孔子以其兄之子妻之。」二者不知果孰爲是？註言謹於言行，此是就「三復白圭」之意爲説。「三復白圭」章註云：「有意於慎言，此邦有道所以不廢，邦無道所以免禍。」却是就此章之意爲説，蓋亦見兩章之言不同，故互爲遷就而欲通爲一意也。然此章本無該説謹於言行之意，「三復白圭」章亦無不廢免禍之文，况其方纔有意於慎言，亦未能必使有道之邦不廢於己而已，必能見用也，夫子亦無止爲有意慎言便以兄子妻之之理。

王滹南曰：「凡爲女擇配，取其相當，非止一端，未可以此等斷聖人之意也。弟子徒謂聖人妻人必不苟然，故於諸處認之而附會耳。」此論推見事理之源，足以破古今之疑，且夫子言容「邦有道，不廢；邦無道，免於刑戮」，實無可指之迹，止是大槩忖度謂南容遇有如此之時必能如此之事，此乃議親之際意已允從，因而稱道許可之辭，非爲真有如此事迹而妻之也，上章稱公冶長之言亦然。

女器也。〇註：子貢雖未至於不器，其亦器之貴者歟？

註文蓋反君子不器爲説，謂子貢止堪一器之用也，聖人之意恐不如此。子貢問「賜也何如」，夫子荅以「女器也」，本是稱美子貢爲成才之人，非謂子貢未至於不器也。

或曰：「雍也仁而不佞。」子曰：「焉用佞？禦人以口給，屢憎於人。不知其仁，焉用

佞？」○註：佞，口才也。我雖未知仲弓之仁，然其不佞乃所以爲賢，不足以爲病也。

小人之利口爲佞，利口即口才也，惡利口之覆邦家者，惡其佞也，不佞者僅能不以利口禦人，纔免人所憎惡而已，驟稱爲賢，斯亦過矣。況仲弓德行與顔、閔相亞，夫子嘗稱騂且角，可使南面，其所許者蓋不淺矣，荅或人之言，縱不全許爲仁人，亦不至於絶言不知有仁也。不知其仁，乃是不知佞者有仁，非謂不知仲弓也。蓋或人但知口才便利爲美，不知其爲仁人君子之所惡，仁而不佞之問，其問甚騃。夫子聞其言而鄙之，荅之之辭。首言「焉用佞」，鄙之之意深矣，蓋言佞是何物，仁者焉用有此佞乎？彼佞者之所爲，專以口才捷給禦敵於人以求勝，屢以取憎於人，如此之人我不知其有仁也，蓋仁則不容有佞，佞則不容有仁，再言「焉用佞」，深警或人之非也。

無所取材。○註：材，與裁同。程子曰：「浮海之歎，傷天下之無賢君也。子路勇於義，故謂其能從己，皆假設之言耳。子路以爲實然，而喜夫子之與己，故夫子美其勇，而譏其不能裁度事理，以適於義也。」

乘桴浮于海，固爲假設之言，從我者其由與，却是實稱子路之意，非戲弄也。子路之喜，喜爲夫子所知，非爲不能裁度也。浮海之歎，雖我輩聞之，亦能知其意在傷時，必無實往之理，豈有聖門高第弟子於此反無裁度，懵然不知者哉？無所取材之一句，義本難解，古註解材爲桴，材又解爲哉，與註文意皆牽強，姑置之可也。

賜也何敢望回。回也聞一以知十，賜也聞一以知二。○註：胡氏曰：「子貢平日以己方回，見其不可企及，故喻之如此。」

經中雖嘗有子貢方人之語，當時果曾比方何人，不可得知，今言平日方回，豈有據邪？縱或有據，猶當慎取。夫顔子，亞聖也，人不自量以己方之，雖至愚之人亦必不爲，而謂子貢爲之乎？向者以己方回，直與之均齊，今乃以知十、知二爲比，何其陞降陡驟如此邪？方回之説蓋未敢信。

我不欲人之加諸我也，吾亦欲無加諸人。○註：此仁者之事，不待勉強，故夫子以爲非子貢所及。程子曰：「我不欲人之加諸我，吾亦欲無加諸人，仁也；施諸己而不願，亦勿施於人，恕也。恕則子貢或能勉之，仁則非所及矣。」註又云：「無者自然而然，勿者禁止之謂，此所以爲仁恕之別。」

我不欲人之加諸我，吾亦欲無加諸人，正與「施諸己而不願，亦勿施於人」之義同，而程子分之爲二，一以爲仁，一以爲恕，初不見有可分之理，亦不見其所分之由。繼言恕則子貢或能勉之，仁則非所及矣，意謂己所不欲，勿施於人，夫子嘗許子貢能行，此則以爲難及而不許。彼既爲恕，此必謂仁，分之之由實在於此，蓋不察彼時之言因其問也。

子貢問「有一言而可以終身行之者乎」，夫子荅以「己所不欲，勿施於人」，蓋以此言爲一言終身可行之言，非謂恕爲子貢能行也。夫子之於門人，非惟不輕許仁，恕亦未嘗輕許也。試以「己所不欲，勿施於人」就其人心與物交處觀之，遇其物之輕處安而行之，亦有能者至於有關萬鍾之多，一國天下之重，雖勉而行之，千萬人中未必能有一二也。諸葛孔明可謂閑世之大賢，先主亦三國之賢君也，居常共事，皆能推己所惡，不以及人，及爲取蜀，以復漢業之大計所牽，孔明運籌，先主致力，加兵劉璋，攻奪益州，不復能有推己勿施之念。蓋事勢使然，非得已也，爲恕之難於此可見。由是言之，夫子之不許子貢，豈止於仁？雖恕亦宜然也。

註亦祖襲程子之説，不審真是真非，直言此仁者之事過矣，又言無者自然而然，勿者禁止之謂，此所以爲仁恕之别，此更迂遠之甚。仁自仁，恕自恕，「無」與「勿之」兩字豈能有所變易哉？果若言無者爲仁，言勿者爲恕，夫子荅顏淵「非禮勿視，非禮勿聽，非禮勿言，非禮勿動」，此亦禁止之謂，然皆爲仁，此何説也？

程子又嘗言「以己及物，仁也；推己及物，恕也」，及其解孟子「於物愛之而弗仁」章却説「推己及人，仁也」。註文解「以德行仁者王」，亦説「自吾之得於心者，推之無適而非仁也」，此皆以推己及物爲仁，所論本出於無心，却能合於自然之理。以己推己，本無分別。恕雖推己及物，仁則亦有推己及物之道，但所推之事物不同，此其爲仁恕之别也。推己不欲，勿施於人謂之「恕」，如所惡於上，毋以使下；所惡於下，毋以事上者是也。推己良欲，務施於人，謂之「仁」，如「老吾老以及人之老，幼吾幼以及人之幼者」是也。恕者止能不以不善及人，未至以善及人也，以善及人然後爲仁，吾亦欲無加諸人，止是不加不善於人而已，未能至於以善及人，但可爲恕，不可爲仁也。

子路有聞，未之能行，唯恐有聞。○註：范氏曰：「子路聞善，勇於必行，門人自以爲弗及，故著之。若子路，可謂能用其勇矣。」

論語一書，無非善言善行，皆其門人所記，何必更論「及」與「弗及」哉？況經中亦無門人自謂弗及之文，范氏之説當删。此一節但言子路聞善，勇於必行，可謂能用其勇矣。如此則意圓無病。

季文子三思而後行，子聞之曰：「再，斯可矣」。○註：三，去聲，若使晉求遭喪之禮以行，亦其一事也。程子曰：「至於再，則已審，三則私意起而反惑矣，故夫子譏之。」

王滹南駁喪禮之説曰：「文子至晉，果遭之，則正得思之力也，何過之有？」又駁程子之説曰：「思至于三，何遽爲私意邪？」又曰：「事有不必再思者，亦有不止於三思者，初無定論也。」其説大意皆當。然三字之音義，未有明辨。三作平聲，乃是數目定名，若作去聲，只是再三再四頻繁之意，世俗語話中常有之，如云一日三場如此、一日三衙如此者是也。三思之三既爲去聲，則文子之三思不止三次而已也。夫子之言止是言文子過思之蔽，非謂天下之事皆當止於再思，不可至於三次也。

其愚不可及也。○註：成公無道，至於失國，而武子周旋其間，盡心竭力，不避艱險。凡其所處，皆智巧之士所深避而不肯爲者，而卒能保其身以濟其君，此其愚之不可及也。

衛成公之過惡不多見也，惟有信讒殺元咺、子角一事而已。既而以叔武尸枕其股而哭之，立使追殺歂犬，則是知己之過，能自改悔，未可直以爲昏虐無道之君也。至於失國出居於外，由其不假道與晉也。晉以私忿，必欲致之於死，至使醫衍酖之。無道在晉，不在成公。武子當此之際，自無棄而去之之理，周旋其間，盡心竭力，不避艱險，以濟其君，此正武子所當爲者。今反謂其爲愚，推窮此說，令人昏悶。果謂其爲佯愚也，却有盡心竭力之勤；若謂其爲真愚也，復有保身濟君之美。此誠不可曉也。邦無道則愚，本與邦無道言孫、邦無道卷而懷之之意同。於武子行事中，必有所指能自韜晦之事，故歎其人所不能及也。魯文公賦湛露、彤弓，武子佯爲不知，此亦自晦之一事。杜預以爲愚不可及，亦有取也。程子曰：「邦無道，能沈晦免患。」此說爲是。

吾黨之小子狂簡，斐然成章，不知所以裁之。○註：夫子至是而知其終不用也，於是始欲成就後學，以傳道於來世。不得中行之士而思其次，以爲狂士志意高遠，猶或可與進於道。但恐其過中失正，而或陷於異端耳，故欲歸而裁之也。

狂士志意嘐嘐，然遼遠高大，顧雖不得其中，若聖人與居，亦可以近於道矣。然其言不顧行，行不掩言，欲與成章傳道，法則後世，則不可也。夫子欲成就後學，以傳道於來世，何用思其狂士乎？不得中行之士而思其次，此本孟子荅萬章之語。註文變其文而用之也。萬章問曰：「孔子在陳曰『盍歸乎來！吾黨之士，狂簡進取，不忘其初。』孔子在陳，何思魯之狂士？」孟子荅曰：「孔子不得中道而與之，必也狂獧乎。狂者進取，獧者有所不爲也。孔子豈不欲中道哉？不可必得，故思其次。」蓋萬章所問，本無「斐然成章，不知所以裁之」之語，止以孔子思狂士爲問，孟子乃是就其所問以荅之也。萬章之問，與此經文既已不同，孟子之荅萬章者，亦不可施之於此也。「不得中行而與之，必也狂狷乎」，此乃思其狂狷也。「吾黨之小子狂簡，斐然成章，不知所以裁之」，却是抑制狂者，不令妄有述作之意，非思之也。說者宜云：夫子知其終不用也，於是特欲成就後學，以傳道於來世。慮其門人狂而志大，簡而踈略，徒以斐然之文而成章篇，違理害道，不知裁正，恐有誤於後人，故欲歸而裁正之也。思狂士一節不必取。

願無伐善，無施勞。○註：伐，誇也。善，謂有能。施，亦張大之意，勞，謂有功，易曰「勞而不伐」是也。或曰：「勞，勞事也。勞事非己所欲，故亦不欲施之於人。」亦通。

伐善之善，乃其凡己所長之總稱，伐忠、伐直、伐力、伐功、伐才、伐藝，通謂之伐善。今乃單指善爲能，又解施勞爲伐功，恐皆未當。既言無伐善，又言無伐功，止是不伐之一事分之爲二，顏子之志亦豈別無可道邪？或曰之說，於義爲順，但說得勞字事輕，亦不見其志之遠大也。

蓋無施勞者，不以勞苦之事加於民也，夫勞民不卹，乃古今之通患。桀、紂、幽、厲之事，且置勿論，請以近代易知者言之：秦始皇、隋煬帝之世，勞民之事無所不至，四民廢業，人不聊生，死者相枕，藉於道路，於是盜賊羣起，天下大亂，生民荼毒，何可勝言，由其施勞於民之所致也。顏子之言於世厚矣。願無施勞，安人之志也。既無伐善，又無施勞，內以修己，外以安人。成己成物之道，不偏廢也。若兩句之意皆爲不伐其志，止於成己而無及物之道，既偏且隘，不足以爲顔子之志，只從或曰之説深造以觀其義，則亞聖之資於此可見。

老者安之，朋友信之，少者懷之。○註：老者養之以安，朋友與之以信，少者懷之以恩。一説：安之，安我也；信之，信我也；懷之，懷我也。亦通。

養之以安，恩已在其中矣，不可再言懷之以恩也。况恩宜普徧，非可專施於少者，老者亦當及之也。前説全言夫子作爲，後説全言人從夫子之化，後一説既無前説數者之病，又其道理自然，氣象廣大，與「近者悦，遠者來」「綏之斯來，動之斯和」義同，後説爲是。

雍也第六

回也，其心三月不違仁，其餘則日月至焉而已矣。○註：程子曰：「三月，天道小變之節，言其久也，過此則聖人矣。」

三月之下既有日月至焉之餘人，三月之上又有過此之聖人，顏子於仁必須九十日一次違之也，過此至九十一二日便爲聖人，恐無此理。王滹南曰：「豈有恰限三月輒一次違之之理？若三月之後不復可保，何足爲顏子乎？」東坡云：「夫子默而察之，閱三月之久，而造次顛沛無一不出於仁，知其終身弗畔也。」王滹南謂此説爲是，今從之。

伯牛有疾，子問之，自牖執其手。○註：疾，先儒以爲癩疾也。牖，南牖也。禮：病者居北牖下。君視之，則遷於南牖下，使君得以南面視己。時伯牛家以此禮尊孔子，孔子不敢當，故不入其室，而自牖執其手，蓋與之永訣也。

註文既言「當時伯牛家曾以此禮尊孔子」，必有所據，今不可考。然以人情推之，伯牛純正之士，必不如此輕率，妄使家人僭以人君之禮過尊孔子也。縱使有之，孔子必正其失，使之更改其位，亦不難爲。心知其非，隱而不言，但不入其室，師弟之間，豈宜如此？子路使門人爲臣，夫子固已明其爲詐，切責之矣。況夫子未嘗爲君，而伯牛輒以人君之禮尊之，其詐不又甚歟。然夫子於子路則諄諄然以正其非，於伯牛則略無一言以正之，何也？伯牛見夫子不敢當而不入，亦竟不改其位，儘從夫子在外，但自牖中出其手與之永訣，又無此理。

舊説牛有惡疾，不欲見人，故孔子從牖執其手也。註言「先儒以爲癩疾者」，蓋謂此也。向亦屢嘗見有此疾者，往往不欲與人相近，於其所當尊敬者尤欲避之，蓋自慚其醜惡腥穢，恐爲其所惡之也。由此推之，只舊註「牛以惡疾，不欲見人」之説爲是。

不有祝鮀之佞而有宋朝之美，難乎免於今之世矣。○註：鮀，衛大夫，有口才。朝，宋公子，有美色。言衰世好諛悦色，非此難免，蓋傷之也。

衰世悦色乃是悦婦人之色，宋朝美色意不相關。又非此難免一句意亦不明，不知免爲免甚也。若言免己之患，而爲佞爲淫，適所以致患，未聞可以免患也。蓋夫子疾衰世之風習口舌之佞而爲諂諛，飾容貌之美以爲淫亂。不爲祝鮀之佞，必爲宋朝之美；不爲宋朝之美，必爲祝鮀之佞，二者爲世之患不能免除，故曰「難乎免於今之世矣也」。

人之生也直，罔之生也幸而免。○註：程子曰：「生理本直。罔，不直也，而亦生者，幸而免耳。」

程子之説語意不明，不知生爲如何生。幸而免耳，亦不知幸免何事也。蓋生者，全其生理善終之謂也。人之不遭横殀，得全生理，壽盡天年而善終者，由其不爲非道之事，所行者直而無罔曲故也。罔曲之人亦得全其生理，不遭横殀以終其身，此特幸而免耳。幸免者，免其横殀之死也。夫子所言，乃其天理之常，人事大槩不出於此。至於君子不幸偶值遭命者，間亦有之，然不可以常理論也。

觚不觚，觚哉！觚哉！○註：觚，稜也，或曰酒器，或曰木簡，皆器之有稜者也。不觚者，蓋當時失其制而不爲稜也。觚哉觚哉，言不得爲觚也。

有制之世，器皆朴素；無制之世，器多纖巧。器有常制，適用而已。惟其失於常制，故雕鐫刻鏤，無所不至，而於有稜之器，豈有捨其稜而不爲者哉？且如木簡失其制而不爲稜，果何物也？又以語法律之，觚字若作一器爲説，文猶可讀，單讀爲稜，則鄙陋之甚，不成語矣。舊説觚，酒器，容二升。然其説曰若用之失禮則不成觚，以諭爲政不得其道則不成，此亦不通。用之失，理罪在用者，非觚之罪也，何云不成觚哉？王滹南謂此章不可解，宜從此論，闕之可也。

可謂仁之方也已。○註：方，術也。近取諸身，以己所欲譬之他人，知其所欲亦猶是也。然後推其所欲以及於人，則恕之事而仁之術也。

世間事物皆有定名，無無名之事，無無名之物。今以恕之事、仁之術合而爲一，果何事邪？果何物邪？果當名之爲恕乎？果當名之爲仁乎？聖人之言，本所以明道悟迷，事事物物各有分判，誠無一言中該羅兩意三意之理。恕與仁自有分明界畔，己所不欲勿施於人謂之恕，己之良欲務施於人謂之仁。恕止於不以不善及人，未至於以善及人也，以善及人斯爲仁矣。己欲立而立人，己欲達而達人，其心正在推己良欲，務施於人，與其止於不以不善及人者，境界不同。方謂方分，境界也，說者宜曰近取諸身，以己良欲譬之他人，知其所欲亦猶是也，然後推其己之良欲以及於人，己既欲立而亦欲立人，己既欲達而亦欲達人，此爲以善及人之心，可謂仁之方分也已。仁之方與孟子言仁之端意正相類。

述而第七

述而不作，信而好古，竊比於我老彭。〇註：述，傳舊而已。作，則創始也。故作非聖人不能，而述則賢者可及。老彭，商賢大夫。孔子删詩、書，定禮、樂，贊周易，修春秋，皆傳先王之舊，而未嘗有所作也。然當時，作者略備，夫子蓋集羣聖之大成而折衷之。其事雖述，而功則倍於作者矣。

註言述，傳舊而已，作則創始也，作非聖人不能，述則賢者可及。此數語視「作」爲重，「而已」二字視「述」甚輕，繼言孔子傳舊未嘗有所作，則是孔子止能述而不能作，但可爲賢人不可爲聖人也，豈不悖哉？若註解經傳，循其本文爲之訓説，謂此爲傳舊而已，可也。至於删詩、書，定禮、樂，贊周易，修春秋，豈但傳舊而已哉？此正可謂非聖人不能，未聞賢者可及也。上古聖人立法垂世，皆是述天理之所固有，未嘗違理自作也。先世聖人創述於前，異世聖人繼述於後，不可以先者爲聖人之作，後者爲賢人之述也。只如易之一書，伏羲則爲創述之聖人，文王、孔子則爲繼述之聖人，亦無聖作賢述之分。繼述與創述，所循之理一也，若不循此理，自生枝派別爲創始，是乃異端之作，聖人固不爲也。

夫子自謂述而不作，繼之以信而好古，此「作」字正爲異端妄作，非謂聖人之創作也。蓋「述」謂明其理之所有，「作」謂創其理之所無。循天人之際、自然之理，以明夫三綱五常固有之道，若六經之言者通謂之述；出天理所有人倫綱常之外，若楊墨之言者通謂之「作」，「蓋有不知而作之者，我無是也」，與此章義同。

默而識之，學而不厭，誨人不倦，何有於我哉？〇註：何有於我，言何者能有於我也。三者已非聖人極至，而猶不敢當，則謙而又謙之辭也。

以此章爲夫子之謙，義無可取。謙其學而不厭，以爲己所不能，則是自謂厭於學矣。謙其誨人不倦，以爲己所不能，則是自謂倦於誨矣。既言厭學，又言倦誨，則是聖人不以勉進後學爲心，而無憂世之念也。下章却便說「學之不講，是吾憂也」，語意翻覆，何其如此之速邪？夫子累曾自言「好古敏以求之者」「不如丘之好學也」「我叩其兩端而竭焉」「吾無隱乎爾」，若此類者，皆以學與誨爲己任，未嘗謙而不居也。況又有「若聖與仁」章「抑爲之不厭，誨人不倦，則可謂云爾已矣」之一段，足爲明證。彼以學誨爲己之所有，此以學誨爲己之所無，聖人之言必不自相乖戾以至於此。於，猶如也。蓋言能此三事，何有如我者哉。此與「不如丘之好學也」意最相類，皆所以勉人進學也。伊川曰：「何有於我哉，勉學者當如是也。」此説意是。

富而可求也，雖執鞭之士，吾亦爲之。如不可求，從吾所好。○註：設言富若可求，則身雖爲賤役，亦所不辭。然有命焉，非求之可得，則安於義理而已矣，何必徒取辱哉？

此説却是本有不顧義理，求富之心但爲命運所制，不得遂其所求，然後安於義理也，聖人之心恐不如此。蘇氏曰：「聖人未嘗有意於求富也，豈問其可不可哉？」此亦過高之論，不近人情。

富與貴人皆欲之，聖人但無固求之意，正在論其可與不可，擇而處之也。不義而富且貴，君子惡之，非惡富貴也，惡其取之不以其道也。古之所謂富貴者，禄與位而已。貴以位言，富以禄言。富而可求，以禄言也。執鞭，諭下位也。蓋言君子出處當審度事宜，穀禄之富，於己合義，雖其職位卑下，亦必爲之。故夫子之於乘田委吏亦所不鄙。苟不合義，雖其爵位高大，亦必不爲。故夫子之於季孟之間亦所不顧也。伊川曰：「富貴人之所欲也，苟於義可求，雖屈己可也；如義不可求，寧貧賤以守其志也。」

子在齊聞韶，三月不知肉味。○註：史記「三月」上有「學之」二字。不知肉味，蓋一心於是而不及於他也。

雖曰學之一心於是，至於食肉三月而不知其味，此甚不近人情。南軒曰：「三月之久，猶忘味焉，則幾於不化矣。」故程子以三月爲音字，謂聖人之心不如是其固也。此說正三月之誤，是也，然以三月二字併一音字，却爲牽強，「聞韶」下亦不須更有音字。王滹南曰：「或言月字爲日字之誤，皆不可必當，姑闕之。」予謂「日」字比諸說最爲有理，學者宜從之。

加我數年，五十以學易，可以無大過矣。○註：劉聘君見元城劉忠定公，自言嘗見他本，「加」作

「假」，「五十」作「卒」。蓋加、假聲相近而誤讀，「卒」與「五十」字相似而誤分也。愚案：此章之言，史記作「假我數年，若是我於易則彬彬矣。」「加」正作「假」，而無「五十」字。蓋是時，孔子年已幾七十矣，「五十」字誤無疑也。學易，則明乎消長吉凶之理，進退存亡之道，故可以無大過。

以「五十」爲「卒」，卒以學易，不成文理。註文準史記爲斷，謂無「五十」字，是時孔子年幾七十。語録言孔子欲贊易，故發此語。王滹南曰：「經無贊易之文，何爲而知爲是時語乎？」此言甚當。註又言：「學易則明乎消長吉凶之理、進退存亡之道，故可以無大過。」予謂若以此章爲孔子七十時所言，假我數年以學易，則又期在七十以後。然孔子七十三而卒，直有大過一世矣。只從五十字說亦有五十年大過，小過則又不論也，何足爲聖人乎？孔子天縱生知，不應晚年方始學易也。五十、七十義皆不通。

又有說學易爲修易，過爲易書殽亂者。復有說學易而失之無所不至，孔子憂之，故託以戒人者。皆爲曲說。此章之義本不易知，姑當置之，以待後之君子。

三人行必有我師焉，擇其善者而從之，其不善者而改之。○註：三人同行，其一我也。彼二人者，一善一惡，則我從其善而改其惡焉，是二人者皆我師也。

師者，人之尊稱。惟其善堪爲人軌範者，可以此名歸之。惡如惡臭之可惡者亦謂之師。善亦吾師，惡亦吾師，此黄冠衲子之言，聖人談話中豈容有此？唐明皇問韓幹畫馬以誰爲師，對曰：「廐中之馬皆臣師也。」林氏引之以證此説。其所諭者甚似，究其實則不然。馬之壯健老弱肥瘦黑白，畫之者皆從本真依倣摹寫，無論美惡，期皆似之，故言廐中之馬皆師也。經所言者，擇其善者從，其不善者改而不從，與其依様畫馬豈可同論也哉？

果言善惡皆我師，則天下之人皆爲師矣，何必專指三人？亦不須更言必有也。三人取其數少而言，「必有」二字於三人中又有所擇也。「三人行必有我師焉」者，言其只三人行其間，亦必有可爲師法者，「擇其善者而從之，其不善者而改之」者，非謂擇其一人全善者從之，一人全惡者改之也。但就各人行事中擇其事之善處從之，其不善處改之，不求備於一人也。全德之人世不常有，若直須擇定事事全善之人然後從之，於普天下終身求之未必可得，三人中豈能必有也？止當隨其各有之善從而師之，甲有一善則從甲之一善，乙有一善則從乙之一善，舜取諸人以爲善，亦此道也。由是言之，三人行必有我師，信不誣矣。

子以四教：文，行，忠，信。○註：程子曰：「教人以學文修行而存忠信也。」「行」爲所行諸善之總稱，忠與信特行中之兩事。存忠信便是修行，修行則存忠信在其中矣。既言修行，又言而存忠信，義不可解。古今諸儒解之者多矣，皆未免爲牽强。王滹南曰：「夫文之與行固爲二物，至於忠信特行中之兩端耳，又何别爲二教乎？讀論語者，聖人本意固須詳味，疑則闕之。若夫弟子之所誌，雖指稱聖人，亦當慎取，不必盡信也。」此蓋謂弟子不善記也。所論極當，可以決千古之疑。或曰：「若作行言政文，對四科而言，似爲有理，恐傳寫有差。」今不可考。

蓋有不知而作之者，我無是也。○註：不知而作，不知其理而妄作也。孔子自言未嘗妄作，蓋亦謙辭。

不知其理而妄作，此説誠是。楊墨之徒皆其妄作者也，已於「述而不作」章講論之矣。兩章可以互相發明。但註文以孔子自言未嘗妄作爲謙辭，未曉其説。「躬行君子，則吾未之有得」「若聖與仁，則吾豈敢」，此誠孔子之謙辭，謙其美而不居也。妄作非美事也，孔子自言我無是也，正是鄙其妄作而以不妄作自居，何謙之有？若以此爲謙辭，則凡其自言我不爲姦、我不爲盜皆爲謙矣，抑亦不思之甚也。註中删去「蓋亦謙辭」四字便無節病。

與其進也，不與其退也。○註：與，許也。但許其進而來見耳，非許其退而爲不善也。

進退二字，無關於志行，專以身言。身來見之爲進，既見而去爲退，殊無義理。蓋進謂有進善之志，退謂有退惰之心，「與」猶「待」也。蓋言人既清潔其心來見，必是有所企慕，將欲進而爲善，我惟待其欲進而爲善，不待其惰退而爲不善也。

若聖與仁，則吾豈敢？抑爲之不厭，誨人不倦，則可謂云爾已矣。○註：爲之，謂爲仁聖之道。誨人，亦謂以此教人也。晁氏曰：「當時有稱夫子聖且仁者，以故夫子辭之。」

此以「爲」字作「行」字説也，爲仁聖之道，蓋謂行仁聖之道也。行小人之道便是小人，行君子之道便是君子。行其道而非其人，無是理也。既言「若聖與仁，則吾豈敢」，却説我行仁聖之道不厭，誨人仁聖之道不倦，豈有躬行仁聖、教人仁聖，而非仁聖之人者哉？果如此説，則爲之不厭、誨人不倦，正是以聖與仁自居，與上文之謙辭意不倫矣。又况君子之所行與其所以教人者，亦不可專以仁、聖兩事爲名也。「爲」與「女爲周南、召南矣乎」之「爲」同，「爲」猶「學」也，蓋言聖與仁則吾豈敢當之，但於未知者學之不厭，以所知者誨人不倦，則可謂我如此而已，蓋於聖與仁不敢自居，學與誨以爲己任，與前「默而識之」章「學而不厭，誨人不倦」語意正同。章首疑有闕文，晁氏謂當時有稱夫子聖且仁者，此説誠是。

四書辨疑卷五　論語

泰伯第八

泰伯，其可謂至德也已矣！三以天下讓，民無得而稱焉。○註：大王之時，商道寖衰，而周日彊大。季歷又生子昌，有聖德。大王因有翦商之志，而泰伯不從，大王遂欲傳位季歷以及昌。泰伯知之，即與仲雍逃之荆蠻。於是大王乃立季歷。又曰蓋其心即夷齊叩馬之心，而事之難處有甚焉者，宜夫子之歎息而贊美之也。泰伯不從，事見春秋傳。

註文中絶不見有泰伯讓位之義，尋繹所説從由，太王乃是恃己之彊而欲翦商，爲泰伯不從，遂欲傳位季歷，以及昌也。泰伯亦是知其父有黜己之意，不得已而逃之荆蠻也。由是言之，王季之立即非泰伯之本心，不可稱之爲讓也。史記言太王欲立季歷，以及昌，亦無爲泰伯不從翦商之説，雖然只言欲立季歷以及昌，理亦未是。既云昌有聖德，則必有天定自然之命，泰伯又是至德之人，讓位之事亦必自能，以太王之賢，豈不知此，何必曲爲如此廢立逆理亂常以濟區區之私欲哉？

註言蓋其心即夷齊叩馬之心，宜夫子之贊美者，意謂孔子稱泰伯不欲翦商爲至德也，此蓋不察經之本文但稱三以天下讓爲至德，何嘗有稱不欲翦商之意哉？且太王之時，商猶未有罪惡貫盈如紂之君。太王不問有無可伐之理，但因己之國勢彊大，及其孫有聖德，遽欲翦滅天下之主，非仁人也。又爲世子不從，即欲奪其位與餘者，雖中才之人亦所不爲，而謂太王爲之乎？况文王猶方百里起，則文王以前，周亦未嘗彊大也。太王爲狄人所侵，遷之於岐山之下，以小避大，免患而已，而又容有翦商之志乎？詩稱「實始翦商」者，本言周之興起，以至斷商而有天下，原其所致之由，實自太王修德保民爲始。蓋以王業所自而言，非謂太王實始親爲翦商之計也。書亦明言「至于太王肇基王迹」，蔡沉解云「詩曰居岐之陽，實始翦商，太王雖未始有翦商之志，然太王始得民心，王業之成，實基於此。」蔡沉，乃文公之高第弟子，而此説與語録中伯豐等所問意見皆同，此可見當時同門之人終不以註文爲是者亦不少也。且更置此勿論，就如註文所言，纔有其志，事猶未行，父子之間，何遽相違以至於此？太王果爲此事欲廢其子，泰伯果爲此事棄父而去，可謂父不父子不子，何至德之有哉？推其事情，只是泰伯見商道寖衰，憫生民之困，知文王聖德足使天下被其澤，故欲讓其位於王季，以及文王。太王却是重長幼之序，不許泰伯之請，如此則泰伯之逃爲有理矣。

纂疏引語録之説曰：「泰伯只見太王有翦商之志，自是不合他意，便掉了去。」又言：「到此顧卹不得父子之情。」嗚呼！人倫所重，莫重於父。以子事父，不合他意，便掉了去，是無天也，以此爲教，將如後世何？

註文又言泰伯不從，事見春秋傳，今案春秋左氏傳，雖有泰伯不從之一語，初不知不從何事，下句言是以不嗣，正是不從太王不許讓位之命，非謂不從翦商也。若本分解經，都無許事，捨聖經明文不從，而却傍取傳記疑似之言執以爲是，呶呶如此，甚不可也。

舊疏云：「此章論泰伯讓位之德也。季歷賢，又生聖子文王昌，昌必有天下，故泰伯三以天下讓於王季。其讓隱，故民無得而稱言之者，故所以爲至德，而孔子美之也。」明道曰：「泰伯知王季之賢，必能成王業，故爲天下而三遜之，言其公也。」伊川曰：「泰伯之遜，非爲其弟也，爲天下也。」三説皆無太王欲立季歷之事，直以讓位歸之泰伯，可謂不失本經之意。然二程説泰伯專讓王季，意不在於文王，却爲未盡。南軒曰：「泰伯知文王有聖德，天之所命，當使天下被其澤，故致國於王季，爲文王也，故曰以天下讓。言其至公之心，爲天下而讓也，惟其事情深遠，故民無得而稱，而聖人獨知其爲至德也。」此比三説尤爲詳備，深得聖人之旨，學者宜宗之。

三以天下讓。○註：三遜，謂固遜也。

以三爲固，未曉其義，纂疏引或問之説云：「古人辭遜以三爲節，一辭爲禮辭，再辭爲固辭，三辭爲終辭。古註但言三遜，而不解其目也。」參詳此説，凡有辭讓，須限三次，已不情實，所謂再辭爲固辭，三辭爲終辭者，與三遜謂固遜之説，又不相合。

舊疏引鄭玄之説云：「太王疾，泰伯適吳採藥，太王歿而不返，季歷爲喪主，一讓也；季歷赴之，不來奔喪，二讓也；免喪之後，斷髮文身，三讓也。」明道曰：「不立，一也；逃之，二也；文身，三也。」二說與註文之說俱各不同，皆不免爲牽強曲說，蓋三讓亦只是三次辭讓，必是太王有不忍之心，季歷有不安之意，泰伯既讓三次，終見不從，故棄其位而去，必欲致國於文王也。推其父子兄弟仁賢之心，其實不過如此，何必強立三者之目哉？

君子篤於親，則民興於仁；故舊不遺，則民不偷。○註：吴氏曰：「『君子』以下，當自爲一章，乃曾子之言也。」愚案：此一節與上文不相蒙，而與首篇謹終追遠之意相類，吴說近是。

前一節四句中四事，以禮守身之道也，此一節四句中兩事，以德化民之道也。兩節之文勢事理皆不相類，吴氏分此一節自作一章，實爲愜當。繼又以爲曾子之言，却爲過慮。此固自是一章而無言者姓名，蓋闕文也。果誰所言，斷不可知。吴氏爲見與「慎終追遠」章語意相似，故有此說，蓋臆度也。聖賢言論豈無旨意偶同者乎？註文所引正是吴說受病之源。

曾子有疾，召門弟子曰：「啓予足！啓予手！」○註：程子曰：「君子曰終，小人曰死。君子保其身以沒，爲終其事也。」

君子曰終，小人曰死，此檀弓所記。子張臨終語申詳之言，而程子取之，註文又引用之，恐皆未當也。死乃生之對，死生人所常言，凡言死者豈皆小人邪？書言「舜陟方乃死」，孔子謂顏淵「不幸短命死矣」，若謂小人曰死，則舜與顏淵皆爲小人矣。「朝聞道，夕死可矣」，可以死，可以無死，若皆以爲小人之事可乎？子張之言非定論也。

以能問於不能，以多問於寡，有若無，實若虛，犯而不校，昔者吾友嘗從事於斯矣。○註：友，馬氏以爲顏淵是也。顏子之心，惟知義理之無窮，不見物我之有間，故能如此。

經文止言吾友，未嘗明有所指姓名，馬氏何從而知爲顏淵乎？若謂曾子之所推如此，非顏子無以當之，但言疑謂顏淵可也，誠無直截指爲顏淵之理，馬氏之説蓋不可取。

士不可以不弘毅，任重而道遠。○註：洪，寬廣。毅，強忍也。非洪不能勝重，非毅無以致遠。

註文改「弘」爲「洪」，未知何據，以待别考。訓毅爲强忍，義亦未安。强忍非人之美行，毅字不宜以此爲訓。寬廣强忍亦不可並行。弘本訓大，毅本訓果，止當各從本訓。註又言非洪不能勝重，非毅無以致遠，將本經一句之文分爲兩節，弘與毅各爲一意，乃是變經文爲「士不可以不弘，不可以不毅」也。單言不可以不毅，義猶可解。單言不可以不弘，不知弘爲弘甚也？毛晃韻：「弘，大之也。」此訓義最詳備，弘毅二字相合爲文，只是一意。如云人能弘道，弘與道亦是通作一意而言，弘毅與弘道文理正同。士不可以不弘毅，蓋言學道之士不可不弘大其果決勇爲之毅，能弘此則能勝其仁爲己任之重，致其死而後已之遠也。

如有周公之才之美，使驕且吝，其餘不足觀也已。〇註：驕，矜夸。吝，鄙嗇也。程子曰：「驕，氣盈。吝，氣歉。」愚謂驕吝雖有盈歉之殊，然其勢常相因。蓋驕者吝之枝葉，吝者驕之本根。故常驗之天下之人，未有驕而不吝，吝而不驕者也。

程子説「驕氣盈，吝氣歉」，其説誠是。盈與歉勢正相反，無遞互相因之理。而註文以爲雖有盈歉之殊，然其勢常相因。又謂驕爲枝葉，吝爲本根，皆是硬説，誠未見有自然之理也。驕與吝元是兩種，實非同體之物。今以吝鄙慳嗇爲本根，却生驕矜奢侈之枝葉，豈通論乎？

吝與「出納之吝」之「吝」字義同。蓋矜己傲物謂之驕，慳利嗇財謂之吝。驕則從於奢，吝則從於儉，此皆眼前事，不難辨也。註言驗之天下之人，未有驕而不吝，吝而不驕者，此言正是未嘗真實驗之於人也。石崇、王愷之驕矜，未嘗聞其有吝也；王戎、和嶠之吝嗇，未嘗聞其有驕也。雖然，人之氣禀，萬有不同，驕吝之中，又有差等，非可一例言之也。試於天下人中以實驗之，大抵驕而不吝、吝而不驕者多，驕吝兼有者少。既已矜己傲物，而又慳利嗇財，此之謂使驕且吝，比之一於驕一於吝者尤爲可鄙。其餘雖有才美，皆不足觀也已。

不在其位，不謀其政。〇註：程子曰：「不在其位，則不任其事也，若君大夫問而告者則有矣。」

南軒曰：「謀政云者，已往謀之也。若有從吾謀者，則亦有時而可以告之矣。」此與程子之説，於事理皆通。然與經文却不相合，經中本無分別君大夫已往從吾之文。王滹南曰：「又有不待從吾謀，不必君大夫之問，而亦可以謀者，蓋難以言盡也。然則聖人之意果何如？曰：此必有爲之言。豈當世之人有侵官犯分而不知止者，故聖人譏之。或身欲有爲而世不用，因以自解與是？皆不可知。要之非決定之論也。」此説盡之矣，不須别論。

學如不及，猶恐失之。〇註：言人之爲學，既如有所不及矣，而其心猶竦然，惟恐其或失之，警學者當如是也。程子曰：「學如不及，猶恐失之，不得放過。才説姑待明日，便不可也。」

一章之義，註文渾説在學之既得之後，程子渾説在學之未得之前。註文專主於温故，程子專主於知新，二家之説義皆不備。黄氏曰：「爲學之勤，若有追逐然，惟恐其不及。用心如此，猶恐果不可及而竟失之也，況可緩乎？」大意與程子之説無異。惟其言頗明白易曉爲優，然亦止是施功於未得之前，專務知新而已。舊疏云：「言學自外入，至熟乃可久長。勤學汲汲如不及，猶恐失之也，何況怠惰而不汲汲者乎？」此説解「學如不及」在未得之先，解「猶恐失之」在既得之後，上下兩句相須爲義，知新温故不偏廢也。但其言辭不甚順快，宜與黄氏之文相配爲説。蓋爲學之勤，汲汲然常如有所不及，用心如此，猶恐他日怠於温習而或失之，況其學先怠惰而不汲汲者乎？

予有亂臣十人。○註：馬氏曰：「十人，謂周公旦、召公奭、太公望、畢公、榮公、太顛、閎夭、散宜生、南宫适，其一人謂文母。劉侍讀以爲子無臣母之義，蓋邑姜也。」

林少穎破此説曰：「子不可臣母，其理誠是。至以邑姜爲臣，又恐未必也。蓋經既無文，年代久遠，不復可知。而九人者，雖不出周、召之徒。亦不可一一如漢儒所定。要之孔子之意，惟論其才難而已。舜臣五人亦然。」王滹南曰：「少穎之論當矣。晦菴於作者七人，知指名者爲鑿，而復惑於此何也？」予謂林少穎之論，王滹南之斷皆出衆論之右，此亦無他，本分而已。但凡經無其文而以臆度指説者，皆當準此爲斷。

唐虞之際，於斯爲盛。有婦人焉，九人而已。○註：際，交會之間。言周室人才之多，惟唐虞之際乃盛於斯。

引註以對經文，上言唐虞之世人才之盛，其下所指人數却是周之人才，上下語意不相承接。蓋際謂唐虞之邊際，猶言唐虞之末也。自唐虞之末，至於斯爲最盛，然有婦人焉，九人而已。

三分天下有其二，以服事殷。周之德，其可謂至德也已矣。○註：春秋傳曰：「文王率商之叛國以事紂」，蓋天下歸文王者六州，荆、梁、雍、豫、徐、揚也。惟青、兗、冀，尚屬紂耳。范氏曰：「文王之德，足以代商。天與之，人歸之，乃不取而服事焉，所以爲至德也。孔子因武王之言而及文王之德，且與泰伯，皆以至德稱之，其指微矣。」或曰：宜斷三分以下，別以孔子曰起之，而自爲一章。

註文與范氏之説，蓋皆以至德爲文王之事。范氏又言：「且與泰伯皆以至德稱之，其指微矣」者，意謂泰伯不欲翦商，文王以服事殷，亦無伐紂之心，故皆稱至德也。此蓋祖襲東坡之説也。東坡曰：「以文王事殷爲至德，則武王非至德明矣。」三説皆有少武王之意，而東坡爲甚。然經中止言周德，本無專稱文王之文，何以知孔子謂武王非至德也？湯武革命，順乎天而應乎人，此孔子之明論也，豈有上與天合，下與人合，而猶未爲至德者乎？三分天下有其二，文王、武王其實皆然，以服事殷，非特文王，武王亦嘗事之也。文王、武王皆聖人也，武王伐紂之心即文王之心也。孟子曰：「取之而燕民不悅，則勿取。古之人有行之者，文王是也。」此謂殷民未盡悅則不取，殷民盡悅則取之，非言無伐紂之意也。

蓋文王之時，殷有三仁尚在，紂猶未爲獨夫，人望未絶，故不忍伐之也。及微子去之，以箕子爲囚奴，比干諫而死，中外嗷嗷引領以望武王之來拯己於水火之中，武王不得已而始往伐之。文、武之事殷伐殷，蓋其時有不同，非其心有不同也。文王不伐者，爲無可伐之理，以其罪未貫盈也。武王伐之者，爲無不伐之理，以其罪既貫盈也。

至若崇信姦回，昵比罪人，焚炙忠良，刳剔孕婦，斮朝涉之脛，剖賢人之心，毒痡四海，無辜籲天，文王當此之際，亦無不伐之理。若徒有天下三分之二，坐視生民危急，如此而忘然無顧恤之心，何足爲文王乎？且文王，紂之諸侯也，若無伐紂救民之心，守其一身爲臣之節，則凡其叛紂歸己之國皆當辭而不受，既於紂之天下中三分已取其二，而曰無伐紂之心，有是理邪？

南軒曰：「三分天下有其二，以服事殷。非特文王，武王亦然。故統言周之至德，不但曰文王也。蓋紂未爲獨夫，文武固率天下以事之也。」横渠曰：「使文王未崩，伐紂之事亦不可不爲。」二公所言皆正大之論，不可易也。

王滹南曰：「文武，父子皆聖人也。其德固同，不容有異，書曰：『惟九年，大統未集，予小子其承厥志』，記曰武王『善繼人之志，善述人之事』，豈以武王行事而不以文王之心爲心，文王素所不欲者，而一旦爲之，且誣稱文王之志哉？蓋孔子所稱者，力可取而不取也，武王卒取之者，義至於盡而不容已也。」此説引證甚明，比南軒、横渠所論尤詳。由此觀之，文王、武王易地則皆然，周之德可謂至德，乃是通稱文武之德，非謂專美文王也。語録曰：「若紂之惡極，文王未死也，只得征伐救民」，此却是本分語。或曰：「一説斷三分以下自作一章。」其説誠是。

註文又言荆、梁、雍、豫、徐、揚六州屬文王，青、兖、冀三州屬紂，此皆經中所無。三分天下有其二，大約言之耳，當時叛殷歸周者，必無限期，惟是綿綿而往歸之不已，豈有畫定界畔之理？六州、三州之分，此本鄭玄之鑿説，删之可也。

子罕第九

子罕言利，與命，與仁。○註：程子曰：「計利則害義，命之理微，仁之道大，所以罕言。」若以理微道大則罕言，夫子所常言者，豈皆理淺之小道乎？聖人於三者之中所罕言者，惟利耳，命與仁乃所常言。命猶言之有數，至於言仁，寧可數邪？聖人捨仁義而不言，則其所以爲教爲道，化育斯民，洪濟萬物者，果何事也？

王滹南曰：「子罕言利一章，説者雖多，皆牽強不通。利者聖人之所不言，仁者聖人之所常言，所罕言者，唯命耳。」此亦有識之論。然以命爲罕言，却似未當。如云「五十而知天命」「匡人其如予何」「公伯寮其如命何」「不知命，無以爲君子也」，如此之類，亦豈罕言哉？説者當以子罕言利爲句。與，從也。蓋言夫子罕曾言利，從命從仁而已。

我叩其兩端而竭焉。○註：叩，發動也。

以叩爲發動，則是發動其兩端而竭焉也。孟子言「昏夜叩人門户求水火」，則是昏夜發動人之門户也。史記言「伯夷、叔齊叩馬以諫」，則是發動馬以諫也。似皆難説。南軒以爲就其兩端無不盡者焉。就字爲近，然亦終有未盡。叩只是至到之意，惟以及字爲説。似最親切字義本訓。叩頭，蓋亦頭與物相及之謂也。如俗言叩門、叩期，皆謂及門、及期也。荅所問之事，及首及尾而盡之，是之謂叩其兩端而竭焉也。

沽之哉，沽之哉！ ○註：沽，賣也。孔子言固當賣之，但當待賈，而不當求之耳。

舊説「沽之哉，不衒賣之辭」，準此以解，上句「沽」字亦衒賣也。子貢以衒賣爲問，可謂輕鄙之甚，註文不取是矣。然解「沽之哉」爲固當賣之，連許賣之賣之，則夫子之言却不雅重。沽字固當訓賣，然賣者出物於市，鋪張示衆以求售，與衒意亦相鄰，但不以語言夸張，此爲異耳。玉在匱中，待其知者以賈自來而售，與其出之於市肆，鋪張示衆以求售者，蓋懸殊矣。夫子之道，用之則行，舍之則藏，誠無張示於人邀求善賈賣之之理。「沽之哉，沽之哉」，乃是彼子貢言賣之辭。蓋言我何賣之哉，我但待其自然賈至然後售之。重言沽之哉，深彼賣之之意也。

出則事公卿，入則事父兄，喪事不敢不勉，不爲酒困，何有於我哉？○註：說見第七篇，然此則其事愈卑而意愈切矣。

說見第七篇，蓋謂「默而識之」章也，予已有其辨矣，而此章所言四事亦皆無用謙處，說者當如「默而識之」章之所辨，解「於」爲「如」，義自通貫。

子在川上，曰：「逝者如斯夫！不舍晝夜。」○註：天地之化，往者過，來者續，無一息之停，乃道體之本然也。然其可指而易見者，莫如川流。故於此發以示人，欲學者時時省察，而無毫髮之間斷也。程子曰：「此道體也。天運而不已，日往則月來，寒往則暑來，水流而不息，物生而不窮，皆與道爲體，運乎晝夜，未嘗已也。是以君子法之，自強不息。及其至也，純亦不已焉。」

註文與程子之說大槩無異，若夫子果言道體於此，發以示人，當叩其兩端，明白說出道體之本然，往者過，來者續，如川流無一息停留之意，然後學者可得而知。今觀本經，未嘗明有如此之文，而程子剏爲道體之論，以爲天運不已，日往則月來，寒往則暑來。

註文又言往者過，來者續，以此象其川流不息之狀，亦皆甚似讀之可喜，然經文止言逝者如斯，實無來者之意。日月寒暑，往過來續之説，何可通邪？蓋「逝」乃往而不返之謂，「者」字則有所指之物在焉，「逝者」二字惟以歲月光陰言之，義有可取，孔子自傷道之不行，歲月逝矣，老之將至，因見川水之流去而不返，故有此歎，蓋與不復夢見周公之意同。

勇者不懼○註：氣足以配道義，故不懼。

仁者必有勇，勇者不必有仁。勇則亦有仁與不仁之分，不可一槩論也。仁者之勇，其氣固足，以配道義矣，不仁之勇，何嘗顧於道義哉？勇之本體無論仁與不仁，義與不義，皆能不懼。能不懼者，由其果於有爲也？君子之勇，果於爲善，則能不懼；小人之勇，果於爲惡，亦能不懼。其氣非皆足以配道義也。説者但可言勇者果於有爲，故能不懼，不必言氣足以配道義也。

未可與權。○註：程子曰：「權，稱錘也，所以稱物而知輕重者也。可與權，謂能權輕重，使合義也。」又曰：「漢儒以反經合道爲權，故有權變、權術之論，皆非也。權只是經也。」」愚案：先儒誤以此章連下文偏其反而爲一章，故有反經合道之説。程子非之，是矣。然以孟子「嫂溺援之以手之義」推之，則權與經亦當有辨。

漢儒以反經合道爲權，近世解經者多以爲非，蓋皆祖述程子「權只是經」之説也。註文雖不與之同，僅能有「權與經亦當有辨」之一語。又解孟子「嫂溺，援之以手」，及語録所論，皆是持兩端爲説，終無子細明白指定真是真非之論，故後人得以遷改其意，往往爲之訛説，却使與程子之説混而爲一，良可惜也。

聖人説權，象其稱錘之行運往來，活無定體，本取應變適宜爲義。應變適宜，便有反經合道之意在其中矣。惟其事有輕重不同，權則亦有淺深之異。凡於尋常用處，各隨其事，稱量可否，務要合宜，謂此爲經，似猶有説。若遇非常之事，則有内外之分，内則守正，外須反經，然後能成濟物之功，豈可一槩通論哉？若言權只是經，則嫂溺援之以手亦當爲經，而孟子使與授受不親之常禮分之爲二，一以爲禮，一以爲權，則權與經爲兩意，豈不甚明？彼所謂權變、權術者，專執反經，不知合道，乃陋俗無稽之説。

漢儒所論，正不如此，雖曰反經，本欲合道。南軒以爲既曰反經，惡能合道，蓋不知非常之事，固有必須反經然後可以合道者，如湯征桀，武王伐紂，伊尹放太甲，周公誅管叔，皆非君臣兄弟之常理，聖人於此不得已而爲之，然後家國治而天下平，未聞不能合道也。只如嫂溺援之之事，視其所以，乃是以手援嫂，誠爲反其授受不親之經；察其所安，乃是以仁存心，期在救其逡巡溺者之死，斯豈不能合道哉？

南軒又曰：「若此論一行，而後世竊權之名以自利，甚至於君臣父子之大倫，蕩棄而不顧。曰吾用權也，不亦悲夫！」此正世俗所謂權變、權術，專執反經不知合道之説也。先儒之所謂權者，何嘗謬至於此哉？夫竊權之名以自利，其罪在於竊者，歸罪先儒，非通論也。自曹丕而下，竊禪讓之名而爲篡逆者踵相接也，豈唐虞之禪亦皆非與？

南軒之説，斷不可取。經言「可與立，未可與權」，立與權又當分辨。立以成己，權以成物，人能正定其心，不使外物可奪，富貴不能淫，貧賤不能移，威武不能屈，是之所謂立也。雖有如此之立，而或固執無權，不知變通於世，無經濟之用，君子亦不多尚也。有立有權，始可爲貴，知此則可與論人材矣。

然自共學而下，四事相連，再須通解，彼昏愚懶惰不可共學之人，固不必論，但其資稟怜慧及志力精勤者，皆可與共學，徒學而不務自修，則未可與適道也，有自修之心斯可與適道。擇善而不能固守，則未可與立也。有固守之操乃可與立，執滯而不達事宜，則未可與權也。

唐棣之華，偏其反而，豈不爾思，室是遠而。○註：上兩句無意義，但以起下兩句之辭耳，其所謂爾，亦不知其何所指也。

註言上兩句無意義，而於下兩句亦無明說，非特「爾」不知何所指，「室」亦不可知也。又解下文「未之思也」之一節，以爲夫子借其言而反之，蓋前篇「仁遠乎哉」之意。若以此意與前後通說，義益難明。自漢魏以來，解論語者多矣，此章之說，皆莫能明。然亦未有言其可疑而不說者，惟王滹南直謂必不可通，予意亦然。

四書辨疑卷六　論語

鄉黨第十

朝，與下大夫言，侃侃如也；與上大夫言，誾誾如也。○註：許氏說文：「侃侃，剛直也。誾誾，和悅而諍也。」

侃、誾二字各有兩訓，玉篇諸韻皆同。「侃」字一訓和樂貌，又訓彊直。「誾」字一訓中正之貌，又訓和。然須觀其用處，各有所宜。朝廷官府之間，待下宜寬容，事上宜嚴謹。以彊直待下，則幾於不容；以和樂事上，則幾於不謹。今與下大夫言則用剛直，與上大夫言則用和悅，於上下之交誠爲未順。又諍之爲義，乃極諫也，必須遇有違理害義之重事，不得已而用之，尋常語話間豈容有諍邪？若從此説，閔子侍側誾誾如也，亦是有諍於孔子也；冉有、子貢侃侃如也，亦是以剛直待孔子也，是豈聖門弟子尊師之道哉？舊説：「侃侃，和樂之貌。誾誾，中正之貌。」南軒引侯氏之説曰：「誾誾，中正而敬也。侃侃，和樂而敬也。」二説意同，今從之。

不時，不食。〇註：五穀不成，果實未熟之類。此數者皆足以傷人，故不食。

註言此數者蓋謂食饐而餲，魚餒，肉敗，色惡，臭惡，失飪，不時也。數者之中惟失飪生硬之物食之難化，或能傷人，色惡，臭惡，餒敗之類，此皆壞爛之物，本無難化傷人之理。正由氣味可惡，勉強食之，或至有傷，傷自己之所惡而來，非由物之能傷也。夫子於食饐至失飪凡此數者，止是爲其味不堪食，故不食也。至於五穀不成，果實未熟，自不可食，此何必言不時不食者。一日三食，不依其時，則不食也。南軒曰：「不時，非食時也。」

割不正，不食。不得其醬，不食。○註：食肉用醬，各有所宜，不得則不食，惡其不備也。二者無害於人，但不以嗜味而苟食耳。

經文上句言食肉，下句言凡食須醬，不止在於食肉也，醬不取其味，但欲備數於前，然後方食，不知何義？註文本不欲聖人有嗜味之心，故爲此説，非中常之論也。不得其醬不食，止是欲其調味得宜而食之也。南軒曰：「不得其醬調味之，不得其宜也。」

惟酒無量，不及亂。○註：酒以爲人合歡，故不爲量，但以醉爲節而不及於亂耳。

酒之本性無他，惟能使人神志迷亂而已，飲之至於迷亂失常，然後爲醉。今言以醉爲節，而不及於亂，豈有不亂而醉者乎？聖人亦無以醉爲節之理，程子曰：「不及亂者，非惟不使亂志，雖血氣亦不可使亂，但浹洽而已可也。」此説意是。

不撤薑食。○註：薑，通神明，去穢惡，故不撤。

本草經諸藥皆有益人之用，通神明，去穢惡者固不少也，然獨不撤薑食者，蓋亦取其味之可喜，故不撤也。註文本謂聖人無嗜味之心，故於夫子飲食之間，凡有惡而不食，喜而食之者，皆宛轉其説，不使有關於味之美惡。魚餒而肉敗不食，則謂爲其傷人也；不得其醬不食，則謂惡其不備也；不撤薑食，則謂薑通神明去穢惡也。於其本然惡欲之誠，使皆晦而不顯，以爲聖人無意於味也，是豈人之情也哉？

夫天下之人，口之於味，皆不待學而能知，莫非自然而然，雖有至道盛德，亦不能使之不知不覺，漠然而絶其所欲也。聖人亦與人同，但無欲之之甚耳。至於擇其味之美惡，可食者食，不可食者不食，庸何傷乎？必須甘苦無擇，鮮美臭惡一例食之，然後乃爲聖人，其惑人也甚矣，故不得不辨。

食不語，寢不言。○註：荅述曰語，自言曰言。

若從註文之説，語與言既分兩等，則食寢所慎，亦各不同，食則止是不語，却合有言；寢則止是不言，却合有語。若以荅述自言一通論之，當食之時，人問則不與酬荅，不問則却當自言；當寢之時，不問則不先自言，須問則乃與酬荅，然其先問者却是自言。

邢昺疏：「直言曰言，荅述曰語。」許氏說文：「直言曰言，論難曰語。」註文與二說言雖相倣，意各有差。自言直言已不同，荅述論難亦不同。廣韻訓「語」字雖引説文，亦不全用其說，止訓爲論。訓「言」字則曰「言語也」。玉篇訓「言」曰「言辭也」，訓「語」曰「言說也」。舊韻略雜取諸說，毛晃韻略專以説文爲據，本分言之，惟廣韻、玉篇以言爲言辭，以語爲言說者，最不穿鑿，當取爲正。

此章本無深意，食不語，止是口中有物，故不多語；寢不言，止是心欲安靜，故不多言。語即是言，言即是語，不可強有分別也。王滹南曰：「此何可分，只是變文耳。」

鄉人儺，朝服而立於阼階。○註：儺，所以逐疫。儺雖古禮而近於戲，亦必朝服而臨之者，無所不用其誠敬也。或曰：「恐其驚先祖五祀之神，欲其依己而安也。」

鄉閭無儺久矣，我輩未之見也，嘗聞故老所傳，元旦閭巷小兒數十爲羣，皆以五綵纏杖唱和儺詞，巡門以驅疫鬼，謂之驅儺。註所謂近於戲者，必此類也。夫子加誠敬於此，亦無義理。或曰之說，謂安先祖神靈，義有可取。

康子饋藥，拜而受之。曰：「丘未達，不敢嘗。」○註：范氏曰：「凡賜食，必嘗以拜。藥未達不敢嘗。受而不飲，則虚人之賜，故告之如此。」楊氏曰：「必告之，直也。」

君賜食，蓋熟食也，故可先嘗。賜腥則亦不嘗矣。夫藥性有萬殊，服食之法，製造不一，尤無未熟先嘗之理。又無迫使面嘗之命，何必告之如是邪？且康子以善意饋藥，既已受之，亦當善其辭意以荅之，今乃自以曲防疑人之心，告其來使，阻定不服其藥，虚人之賜，孰甚於此？康子聞之，非慚即怒，便如康子寬厚能容，而已之爲人是何道理？楊氏以必告爲直，聖人之直，恐不如此。

王滹南曰：「當是退而謂人之辭，記者簡其文，故一曰字而足耳。」此説理當，學者往往疑其稱名，謂非所以告門人者，抑亦未之思也，如云「吾無行而不與二三子者，是丘也」「由之瑟，奚爲於丘之門」「丘也幸，苟有過，人必知之」，對門人稱名，若是者多矣，何獨疑於此哉？惟從滹南之説爲是。

廄焚。子退朝，曰：「傷人乎？」不問馬。○註：非不愛馬，然恐傷人之意多，故未暇問。蓋貴人賤畜，理當如此。

未暇問，乃是心欲問而無暇以及之也。理當如此，却是理不當問也。一説而分兩意，理皆不通。問人之言止是「傷人乎」三字而已，言訖問馬，有何未暇？雖曰貴人賤畜，馬亦有生之物，焚燒之苦，亦當愍之。今曰「貴人賤畜，理當如此」，其實豈有如此之理。王滹南曰：「蓋其已見，故不必問。初豈有深意哉？特弟子私疑而記之耳，本不須着此三字。」此説決盡古今之疑。

先進第十一

南容三復白圭。○註：南容一日三復此言。

「一日」二字意昏。語録云：「不是一旦讀此，乃是日日讀之，玩味此詩。」註文「一日」之意於此可見。一日謂日日也，南容之學，餘皆無所用心，日日專誦此詩，無乃太約乎？黄氏曰：「三復謂每誦至此，必再三反復以識之，非謂一次三復，亦非謂一日三次誦之也。」此説於文爲順，然此章義本不通，夫子專爲三復白圭便以兄之子妻之，恐無此理。予於公冶長篇已有其辨，王滹南以爲弟子附會，此説誠是。

回也視予猶父也，予不得視猶子也。○註：歎不如葬鯉之得宜，以責門人也。

門人厚葬顔回，非禮也，而顔路聽之，孔子以其制不在己，故有「予不得視猶子也」之歎，本無葬鯉得宜之意。南軒曰：「予不得視之猶子，以有顔路故也。」

季路問事鬼神。子曰：「未能事人，焉能事鬼？」敢問死。曰：「未知生，焉知死？」○註：問事鬼神，蓋求所以奉祭祀之意。而死者人之所必有，不可不知，皆切問也。然非誠敬足以事人，則必不能事神；非原始而知所以生，則必不能反終而知所以死。蓋幽明始終，初無二理，但學之有序，不可躐等，故夫子告之如此。程子曰：「晝夜者，死生之道也。知生之道，則知死之道。或言不告子路，不知此乃所以深告之也。」

註文本宗程子之説而又推而廣之也。程子以晝夜諭生死，晝諭生，夜諭死，此乃生死常理人，人之所共知者。註言原始而知所以生，却是説受胎成形初爲父母所生之生；反終而知所以死，又是説預知所死之由也。不惟所論過深，與程子之説亦自不同。所謂「死者人之所必有，不可不知，皆切問也」，又言「幽明無二理，但學之有序，不可躐等」，此又迂遠之甚也。夫二帝、三王、周公、仲尼之道切於生民日用須臾不可離者，載之經典，詳且備矣，而皆不出於三綱五常、人倫彝則之間而已，未聞教人幽明次序必須知死也。必欲於常行日用人道之外，推窮幽冥之中不急之務，求知所以死者之由。縱能知之，亦何所用？

今以季路爲切問，誠未見其爲切也。夫子正爲所問迂闊不切於實用，故言：「未能事人，焉能事鬼？未知生，焉知死？」知生，謂知處生之道，非謂徒知其生，如原始知所以生，晝夜如生死之生也。蓋言事人之道尚且未能，又焉能務事鬼神乎？生當爲者尚且未知，又焉用求知其死乎？此正教之使盡人事所當爲者，非所以教事鬼神告其知死也。王滹南曰：「蓋以子路不能切問近思以盡人事之實，而妄意幽遠，實拒之而不告也。」此説本分。註文解「務民之義，敬鬼神而遠之」云：專用力於人道之所宜，而不惑於鬼神之不可知，知者之事也。語録曰：「鬼神自是第二着，那箇無形影，是難理會底，未消去理會，且就日用緊切處做工夫，子曰未能事人，焉能事鬼，未知生，焉知死，此說盡了。」

予謂此二說所論却公，足以自證今註之誤。

不踐迹，亦不入於室。○註：善人，質美而未學者也。程子曰：「踐迹，如言循途守轍。善人雖不踐舊迹而自不爲惡，然亦不能入聖人之室也。」

善人不能入室，蓋亦就其資稟而言，非有關於學不學也。今言質美而未學，善人亦豈皆不學乎？又循途守轍，人所常談，蓋言守死法而不知變通也。程子以踐迹爲循途守轍，不踐迹乃是不循途守轍，而能不拘死法，達乎事權變通之道也。果如此，則有可以入室之理，不可謂不入於室也。

大抵善人之體，惟能以柔謹自守，而無行義達道之資，雖至爲邦百年纔可以勝殘去殺，終不能致雍熙之化者，正由循途守轍不能從宜適變，所以不入於室也。

所謂雖不踐舊迹者，蓋又指古之遺訓所以法則後人者，是爲舊迹也。若不踐履此迹，則是不循規矩，違理妄行，豈得謂之善人哉？夫中庸之道雖不離於舊迹，亦不拘於舊迹，須能從宜適變，乃得其中。善人雖不得中道，然於舊迹亦不可直言不踐也。

只以文理觀之上文，既言不踐舊迹，其下止可言故不入於室，「亦」字乃是反上句之意，與「舊」字全不相應。若言不踐惡人之迹亦不入聖人之室，則「亦」字之文爲是。然經中本無「惡」字，意脉刱加。其文亦是曲說。「不踐迹」三字義實難明。不可強解。

論篤是與，君子者乎？色莊者乎？○註：但以其言論篤實而與之，則未知其爲君子者乎？色莊者乎？言不可以言貌取人也。

君子不以言舉人，謂不專信其言，聽言未得其實，而又必觀其行也，不知言，無以知人也。正患不能辨其言之真僞耳。果知其言虚僞不情，則當待爲小人而不取；果知其言篤實無妄，則當待爲君子而取之。今既明知言論篤實而乃又有色莊之疑，語言虚僞者既不取，言論篤實者亦不取，則天下之言皆不足信。聖人教人以知言，亦爲無用之虚語矣。況言論出於口，顏色在於面，言色兩處各不相關，今疑口中言論篤實恐是面上顏色莊嚴，亦不可曉。此與上章「不踐迹」文皆未詳，不敢妄說。

從之者與？○註：意二子既非大臣，則從季氏之所爲而已。

註文中既言子然季氏子弟，其人豈肯自以季氏之所爲爲問？夫子亦無指説季氏之惡以荅季氏子弟之理。蓋子然聞夫子具臣之言，意謂具臣爲旅進旅退隨衆之人，故以「從之者與」爲問。「者」字須當細看。從之者，謂是從人之人，非謂專從季氏也。夫子弑父與君之言，亦是汎言。或有欲爲如此之惡者，仲由、冉求亦不肯從。子然所問，夫子所荅，皆非專指季氏而言也。

顔淵第十二

四海之内，皆兄弟也。○註：蓋子夏欲以寛牛之憂，而爲此不得已之辭，讀者不以辭害意可也。胡氏曰：「子夏四海之内皆兄弟之言，特以廣司馬牛之意，意圓而語滯者也，惟聖人則無此病矣。且子夏知此而以哭子喪明，則以蔽於愛而昧於理，是以不能踐其言爾。」

兄弟同本連枝，天倫至親，無他人相混之理。子夏「四海皆兄弟」之言，正與墨氏之兼愛相類。胡氏謂有語滯之病，其説誠是。然既以其言爲有病矣，而又譏其不能踐其言，必使子夏絶父子之情，而以寬牛之言自寬曰：「四海之内皆父子也，君子何患乎無父子？」以此自處，然後爲能踐其言也，比之前病，不又甚歟？惟删去踐言一節則爲無累。

足食。足兵。民信之矣。○註：言倉廩實武備修，然後教化行，而民信於我，不離叛也。

言必以實之謂信，信之在己，不可須臾離也。己不失信，人自信之，豈待倉廩實武備修方纔有信哉？果如註文之説，須是有食有兵，然後有信，無食無兵，則無信也。然夫子於不得已而去兵去食，惟欲存信，此何説也？

又教化，教民爲善也，教民爲善亦須自有爲善之實，而民信服然後教化可行。堯舜教天下以仁，而民從之，以其先有可信之實也。若桀紂教天下以仁，民必不從，以其先無可信之實也。由此觀之，民信於我，亦不直在教化既行之後也。舊疏云：「民信則服命從化。」此説爲是。夫子荅子貢之問，止是舉其爲政之急務，三者之中又有緩急，不得已而去其緩者，非有先後之分也。

民無信不立。○註：民無食必死，然死者人之所不免。無信則雖生而無以自立，不若死之爲安。故寧死而不失信於民，使民亦寧死而不失信於我也。又曰：以人情而言，則兵食足而後吾之信可以孚於民。以民德而言，則信本人之所固有，非兵食所得而先也。

一章中兩「信」字本是一意，註文解「民信之矣」則云「民信於我」，此以信爲國家之信也。解「民無信不立」則云「民無食必死，然死者人之所不免，無信則雖生而無以自立」，此却説信爲民之信，立亦民之自立也。又曰：「寧死而不失信於民，使民亦寧死而不失信於我」，前一句信在國，後一句信在民。後又分人情民德二説。云「以人情而言，則兵食足而後吾之信可以孚於民」，此説信亦在國也。繼云「以民德而言，則信本人之所固有，非兵食所得而先」，此説信又在民矣。不惟信字交互無定，而兵食與信先後之説自亦不一，聖人本旨，果安在哉？王滹南曰：「民信之者，爲民所信也。民無信者，不爲民信也。爲政至於不爲民信，則號令日輕，紀綱日弛，賞不足以勸，罰不足以懲，委靡頹墮，每事不立矣。故寧去食，不可失信。」此說二信字皆爲國家之信，立亦國事之立也，文直理明，無可疑矣。

君子質而已矣，何以文爲？○註：棘子成疾時人文勝，故爲此言。

棘子成之言，直以文爲絶不可用，特發此言以觸子貢，意本不在時人也，説見下文。

惜乎夫子之説，君子也。駟不及舌。○註：言子成之言，乃君子之意。然言出於舌，則駟馬不能追，又惜其失言也。

註文本謂棘子成疾時人文勝，故以君子之意稱之，此可謂不察人之瞋喜也。「君子質而已矣，何以文爲」，正與史弘肇所謂「安用毛錐子」語意無異，故對子貢發如此之言，非疾時人文勝，乃是疾孔子所教子貢之徒文勝也。子貢正謂妄意譏毀聖人之教，故傷歎而警之也。「惜乎」乃傷歎之辭。說，猶論也。蓋言可惜乎子之所以論君子也，此言既出，駟馬不能追及其舌而返之也。此與「一言以爲知，一言以爲不知」之意同。蓋所以深警其非，未嘗稱有君子之意也。

文猶質也，質猶文也，虎豹之鞟猶犬羊之鞟。○註：言文質等耳，不可相無。若必盡去其文而獨存其質，則君子小人無以辨矣。

單讀此註，辭與義皆通，然與經文不能相合。若以猶爲須，文須質也，質須文也，此之謂不可相無，而猶字未嘗訓須也。所謂「若必盡去其文而獨存其質」者，此亦經中所無。正爲經文無此一節，所以不能通也，此段疑有闕誤，不可強說。

愛之欲其生，惡之欲其死，既欲其生，又欲其死，是惑也。○註：愛惡，人之常情。然人之生死有命，非可得而欲之也。以愛惡而欲其生死，則惑矣。既欲其生，又欲其死，惑之甚也。

愛惡與欲生欲死之心，有私有公，其心固有不可有者，亦有不可無者，不當一槩論也。順於己則愛，逆於己則惡，此其愛惡之私也。善可愛者愛，惡可惡者惡，此爲愛惡之公矣。惡可惡，如盜跖、陽虎黨於己則欲其生；善可愛，如后稷、皐陶忤於己則欲其死，此其欲生欲死之私也。善誠可愛者永以望其生，惡至當死者然後欲其死，此爲欲生欲死之公矣。出於私者不可有，出於公者不可無，註文一槩言其欲人生死之心皆不當有，有則皆以爲惑。若從此説，於至善之人亦不當欲其生，於至惡之人亦不當欲其死，然則詩稱「萬壽無疆」，書言「時日曷喪」，孔子之慟哭顔淵，周公之必誅管叔，皆爲用心之非歟？過高之論，不本人情，吾儒教中誠不宜有。

「既」「又」二字止是説在一人，蓋於一人之身，既曾欲其生，又復欲其死也，其人向者順於己，己則愛而欲其生，其人復有逆於己，己則惡而欲其死，於彼一人之身欲生欲死，反覆無定而不自知，何者爲是？是爲惑也。辨惑之道，惟在自能省此而已。

片言可以折獄者，其由也與？○註：片言，半言。折，斷也。子路忠信明決，故言出而人信服之，不待其辭之畢也。

明決二字是，忠信二字非，忠信固能令人信服，然非可以折獄也。舜與周公忠信至矣，猶不能使四凶、管蔡聞半言而自服其罪。子路雖賢，豈能過於舜與周公哉？凡其所謂片言隻字者，皆其言辭簡少之稱。折，猶挫折也。如云折其鋭氣、面折其非是也。折之使服，非信服也。「片言可以折獄者，其由也與」，蓋言能以一二言折其罪人虚僞之辭，使之無所逃其情，惟子路爲然也。尹材曰：「子路言簡而中理，故片言可使罪人服。」此説爲是。

子路無宿諾。○註：宿，留也。尹氏曰：「一言而折獄者，信在言前，人自信之故也。不留，所以全其信也。」

信非可以折獄，前已辨之。無宿諾者，蓋言子路重然諾，不輕許人，既已許諾，隨即行之，無有停留也，此當自作一章，與前節「片言可以折獄」無相干涉。舊疏云：「或分此别爲一章，今合之」，以此觀之，則「片言可以折獄」與此元是二章，邢昺輩合而爲一也。林少潁又連下文「聽訟，吾猶人也」通爲一章，其説益牽強不通。王滹南曰：「片言可以折獄，至必使無訟，此自三章不相干涉，但記者以類相附耳。」

聽訟，吾猶人也，必也使無訟乎！〇註：范氏曰：「聽訟者，治其末，塞其流也。正其本，清其源，則無訟矣。」

范氏正本清源之論，大意不差，只是有可説無可行，不知果行何事是爲正本清源，而能使民無訟也。蓋聽訟在於審察之明，無訟乃是教化之功，民不知教則近於禽獸，不仁不義，何所不爲，既陷於罪，然後以聽察之明，剖析其是非真僞，雖得其已然之情，豈能致雍熙之治哉？故聖人爲政不以聽訟之明爲貴，但在教民從善，使以孝弟禮義爲心，則自無爭訟，此乃正本清源之謂也。然則聽訟亦爲政之急務，而不可忽，但非爲政之本耳。

樊遲問仁。子曰：「愛人。」問知。子曰：「知人。」樊遲未達。〇註：曾氏曰：「遲之意，蓋以愛欲其周，而知有所擇，故疑二者之相悖爾。」

惟仁者能好人，能惡人，仁則亦有愛惡之擇也。樊遲問仁，孔子荅以愛人，非謂不擇善惡，普皆愛之也。蓋仁者以愛人爲本耳。至於遇有一直一枉亦不直，須枉直皆舉，然後爲愛也。由是觀之，愛人知人，本不相悖，樊遲何爲而疑之哉？曾氏意謂仁智二事，遲皆未達。然下文質之於子夏，但言問智之事，而不及於問仁，則所謂未達者，止是未達知人之理耳，與愛人本不相干。舊疏云：「樊遲未曉達知人之意，故孔子復解之。」此説本是。下文南軒、滹南之説，與此意同。

舉直錯諸枉，能使枉者直。○註：舉直錯枉者，知也。枉者直，則仁矣。如此，二者不惟不相悖而反相爲用矣。

二者本不相悖，前已辨之。舉直錯諸枉，此是智之用。能使枉者直，此是智之功。註文以上句爲智，分下句爲仁，誤矣。須是自已行仁，然後可爲仁人。若但能審其舉錯，爲之激勸，使他人改枉爲直，止可爲智，未足爲仁。

王滹南曰：「此一段皆論知人之智耳，與問仁之意全不相關。故南軒解『能使枉者直』則曰『知人之功用如此』，解『不仁者遠』則曰『此可見知人之爲大』，文理甚明。而龜山、晦菴、無垢之徒，皆以爲兼仁智而言，其意含糊，了不可曉。豈以樊遲屢疑，子夏深歎，且有遠不仁之説，故委曲求之，而至於是與？竊所不取。」此説參考詳備，無有不當，學者宜從之。

子貢問友。子曰：「忠告而善道之，不可則止，無自辱焉。」○註：友所以輔仁，故盡其心以告之，善其說以道之。

「善其說以道之」，語意不明，不知如何是善其說，道是如何道。語録曰：「須又教道得善始得。」以此知註文「道」字乃教道也。朋友有過，既盡心以告之，而又加之以教道，須至於善而後已，此正犯「數斯疏矣」之戒，施之於朋友之間，必不能行。蓋道猶言也，善道之者，善其辭色以言之也。朋友有過，固當盡心無隱，竭忠以告之，然其告之之際，須當心平氣和，善其辭色以爲言，不從則止，無得峻數，以取自辱也。

四書辨疑卷七　論語

子路第十三

先之，勞之。○註：蘇氏曰：「凡民之行，以身先之，則不令而行。凡民之事，以身勞之，則雖勤不怨。」

解「先之」爲「凡民之行，以身先之」，而「先之」兩字之間，無該民行之意，義不可通。解「勞之」爲「凡民之事，以身勞之」，亦不知事爲何事。説者往往以爲爲政治民之事。語録曰：「勞是爲他勤勞。」纂疏引輔氏「古人戴星而出，戴星而入，與夫以時循行阡陌，躬行講武」之説爲證，本以佐蘇氏之説，其實意不相合。蘇氏以「凡民之事」與「凡民之行」對説，行既爲民之行，則事亦是民爲之事，非爲政治民之事也。然民爲之事，如耕種耘穫、築埸爲圃、剥棗條桑，何所不有？爲政者豈能皆以己身親勞之哉？况以身勞之，亦只是先之之意，與上文以身先之蓋重複也。

觀其文勢，「先之勞之」四字之間，惟勞字是其主意，通貫上下之文。先之謂先己之勞，勞之謂後勞其民也，如古人戴星而出，戴星而入，此正先之之義，所謂「先己之勞」是也，己先有此勤政之勞，然後以政勤勞其民，民雖勞而不怨也。

言不可以若是其幾也。○註：幾，期也。一言之間，未可以如此而必期其效。

「幾」與後「幾」字義同，古註皆解爲近，今乃訓期。試以期字與經文通讀，言不可以若是其期也，不成文理。不知期爲期甚也，今言必期其效，一期字豈能兼必效二字之意？

又經文本是兩句，「其幾也」三字爲一句，註文亦是作兩句説，學者往往以「未可以如此而必期其效」之十字併爲一句，非也。既有「而」字界斷文勢，又有後註「豈不可以必期於興邦乎」之一語爲證，其爲兩句甚明。上句言一言之間未可以如此，乃是説一言不可以有如此興邦之效也；下句言而必期其效，却是説一言必可以期興邦之效也。語意顛倒，殆不可曉。

所謂豈不可以必期於興邦乎者，此正可謂不知爲君之難也。果知其難，方且戰戰兢兢，懼其不逮，豈敢決然期定謂其邦之必興乎？知其爲君之難，由此以求興邦之道，則其邦有可興之理，然亦未敢必期其效也。由是言之，爲君難之一言，止可謂近於興邦也。夫子荅定公之言，蓋謂一言不能至於如此，然其言能近此也。

如人之言曰：爲君難，爲臣不易。人君果能因此言而推知爲君之難，不敢自逸自恣，知所自勉，則人之此言，豈不近於一言而興邦乎？幾之爲言近，意甚明白。下文喪邦之說亦同。舊說與南軒、滹南之說，大意皆是如此。「近」字之說，如此平直易曉；「期」字之說，如此迂曲難通。果欲搜奇求異，以易曉者爲非，以難通者爲是，心不在公，自昏其明，吾末如之何也已。

狷者有所不爲也。○註：狷者，知未及而守有餘。

有所不爲者，能爲而不爲也。智未及者，不能爲而不爲也。夫狷者之爲人，踽踽獨行，涼涼無親，世俗指爲孤僻古執者是也。於可交之人亦有所不交，可取之物亦有所不取，易於退而難於進，貪於止而吝於行，此乃有所不爲之謂也。若論其極，伯夷、叔齊即其人也，特其情好與衆不同，非有關於智不智也。果以智未及而不能爲者爲狷，則天下之狷者多矣，夫子何難於此哉？

不占而已矣。○註：其義未詳。楊氏曰：「君子於易苟玩其占，則知無常之取羞矣。其爲無常也，蓋亦不占而已矣。」意亦略通。

「不占而已矣」，古今解者皆不能通。註言其義未詳，可謂本分。然却再舉楊氏之説，不免反以爲累。「略通」二字，若於該括衆事處言之，如云略通某氏之學，略通某書大義，此皆可也。今於一章經中單論一事，是則爲是，非則爲非，豈容更有略通邪？況已斷定其義未詳，亦自不容别議也。楊氏之説，本無可取，删之爲是。

君子和而不同，小人同而不和。○註：和者，無乖戾之心。同者，有阿比之意。

和則固無乖戾之心，只以無乖戾之心爲和，恐亦未盡。若無中正之氣，專以無乖戾爲心，亦與阿比之意相鄰，和與同未易辨也。

中正而無乖戾，然後爲和。凡在君父之側，師長朋友之間，將順其美，匡救其惡，可者獻之，否者替之，結者解之，離者合之，此君子之和也。而或巧媚陰柔，隨時俯仰，人曰可，己亦曰可；人曰否，己亦曰否。惟言莫違，無唱不和，此小人之同也。晏子辨梁丘據非和，以爲「君所謂可，而有否焉，臣獻其否，以成其可。君所謂否，而有可焉，臣獻其可，以去其否，是以政平而不干，民無爭心。今據不然，君所謂可，據亦曰可，君所謂否，據亦曰否，據亦同也，焉得爲和」。此論辨析甚明，宜引以證此章之義。

憲問第十四○註：胡氏曰：「此篇疑原憲所記。」

王滹南曰：「胡氏徒見首章如原憲自稱者，遂謂此篇悉憲所記，此億度之説，豈可必哉？又疑里仁篇自『吾道一貫』至『君子欲訥於言』十章皆出曾子門人，公冶長篇多出子貢之徒，益無所據，删之可也。」予謂滹南之論極當，胡氏又以先進篇爲閔子騫門人所記，與前三説同病，皆當删去，以戒後人之鑿。

貧而無怨難，富而無驕易。○註：處貧難，處富易，人之常情。然人當勉其難，而不可忽其易。

註文只説處貧難、處富易，於怨驕略無干涉，義不可通。大抵處飢寒困苦之貧者不能無吁嗟怏悵之怨，居贍足豐饒之富者鮮能無傲慢矜肆之驕，此乃人之常情也。能安於貧，然後無怨貧之心。不恃其富，斯可無驕富之氣。心顔子處貧之心，則能貧而無怨矣。富而無驕，不足道也。志子貢居富之志，則能富而無驕矣。貧而無怨，未敢望焉。察天下之貧者，萬中實無一二無怨；觀天下之富者，十中須有二三無驕。以此推之，足以知無怨爲難，無驕爲易也。

曰：「今之成人者何必然？」○註：復加「曰」字，既言而復荅也。胡氏曰：「今之成人以下，乃子路之言。」

註文以爲夫子再言，胡氏以爲子路之言，蓋皆爲「曰」字所誤，故各説一端，而無定論也。若爲既言而復荅，古今文字中皆無如此文理；若爲子路之言，乃是面折孔子之非，孔子再無一言以荅之，何也？二説皆不可取，此一節與上文只是一段話，但無「曰」字，則上下之義自通，「曰」字衍。

曰未仁乎？○註闕。

曰字羡文。

如其仁！如其仁！○註：如其仁，言誰如其仁者，又再言以深許之。

註言「誰如其仁」，一「誰」字該盡古今天下之人，更無人如管仲之仁，無乃許之太峻乎？仲爲霸者之佐，始終事業不過以力假仁而已。所假之仁，非其固有之仁，豈有人皆不如之理。夫子向者言管仲之器小哉，又謂僭不知禮，今乃連稱誰如其仁，誰如其仁，聖人之言，何其不恒如是邪？况經之本文「如其」上亦無「誰」字之意。

王滹南曰：「如其云者，幾近之謂也。」此解「如其」二字意近。然此等字様，但可意會，非訓解所能盡。大抵如之爲義，蓋極似本真之謂。如云如其父、如其兄、如其所傳、如其所聞，文字語話中似此用「如其」字者不少。以此相方，則如其仁之義乃可見。管仲乃假仁之人，非有仁者真實之仁，然其所成之功亦與真實之仁所成者無異，故曰如其仁也。

子貢曰：「管仲非仁者與？桓公殺公子糾，不能死，又相之。」子曰：「管仲相桓公，霸諸侯，一匡天下，民到於今受其賜。微管仲，吾其被髮左衽矣。豈若匹夫匹婦之爲諒也，自經於溝瀆而莫之知也。」○註：程子曰：「威公〔一〕，兄也。子糾，弟也。仲私於所事，輔之爭國，非義也。威公殺之雖過，而子糾之死實當。仲始與之同謀，遂與之同死，可也；知輔之爭爲不義，將自免以圖後功亦可也。故聖人不責其死而稱其功。若使威弟而糾兄，管仲所輔者正，威奪其國而殺之，則管仲與威，不可同世之讎也。若計其後功與其事威，聖人之言，無乃害義之甚，啓萬世反覆不忠之亂乎？如唐之王珪、魏徵〔二〕，不死建成之難，而從太宗，可謂害於義矣。後雖有功，何足贖哉？」愚謂管仲有功而無罪，故聖人獨稱

〔一〕威公，即齊桓公，避宋欽宗趙桓諱改。四庫本已改爲桓公。
〔二〕徵，本作「證」，據四庫本改。

其功；王、魏先有罪而後有功，則不以相掩可也。

程子專主桓公當立，直指桓公爲兄，子糾爲弟，意謂爲弟者不當爭國，以此爲子糾罪名，特欲圓成管仲不死之理也。却不知子糾、管仲事爲一體，子糾有罪則管仲之罪亦不能逃，試觀將自免以圖後功之説，管仲既與子糾同謀，輔其爲惡，及見事敗身死，方纔知其輔之爭爲不義，區區以求苟免，甚可醜也，似此爲人，豈有能成後功之理？聖人稱許此等之人，豈不害義之甚，啓萬世反覆不忠之亂乎？

不惟管仲如此，召忽亦是同惡之人，其死乃是黨惡而死，然子路、子貢遞皆歸美，孔子亦無異議，足以知召忽非爲黨惡也。或謂自經溝瀆爲指召忽。王滹南辨曰：「其言匹夫匹婦之諒，此自別指無名而徒死者耳，意不在召忽也。忽豈自經溝瀆之類哉？」此言足以解或人之疑。召忽之死既當，子糾則爲無罪，管仲輔之亦無不義。挨排至此，則威兄糾弟云者虚其説矣。

史記亦無兄弟明説，但先書子糾，後書小白，蓋序子糾爲長也。杜預、韋昭等皆言子糾，桓公之兄。引此諸説爲證，則程子之説亦難獨是也。子糾、桓公皆襄公之庶弟，各因畏禍分適他國，無知既弑襄公，國人復殺無知，齊國大亂，二人各以其黨舉兵内向，先已無嫡庶之分，又各在倉卒危亂之際，安能必其只誰當立哉？

但桓公先入，國人立之，齊既有君，子糾雖長，亦是齊臣。向因國亂無主，故有如此之爭，必欲責之以讓，豈惟子糾當讓桓公，桓公亦當讓於子糾。使桓公能自審此，則子糾不至見殺，召忽亦不必死，管仲不死又不須論。正由子糾死非其罪，召忽爲義所激，於是死之，其死可謂無愧矣。

管仲則心忖子糾未正成君，桓公亦僖公之子，又有鮑叔牙素爲知己，故忍死以待其用，此管仲之志也。比之召忽，不無等差。惟是他日能有霸諸侯一匡天下非常之功，生民受非常之賜，孔子以是稱之耳。然亦止是專稱其功，終不言不死之理，意亦可見。向使仲於既免之後，未及成功而死，孔子必不專許其不死爲是也。然則臣事人者，如召忽可也。

程子以王珪、魏徵爲諭，責王、魏不死建成之難，亦爲未當。王、魏之輔建成，與管、召輔子糾之事絶不相類。是時高祖爲君，王、魏所居之職，高祖之所命也。建成陰用邪謀，死於非義，輔導之官，當自請其不能匡正之罪於有司，無死私難之理。程子引此，本以申明不可同世之説，意謂建成爲兄，王、魏所輔者正此。又膠於立嫡以長之常例，專主建成當立也。

夫建成、太宗之事，又與餘者不同。太宗以童稚之年，運神武之略，芟夷大亂，制服羣雄，使李氏化家爲國，致高祖遂有天下，近古以來，實未嘗有。高祖不權事宜，慮不及遠，竟以尋常長幼之分，處之於建成之下，兄弟之不能相安，必然之勢也。建成難居太宗之右，司馬温公已嘗論之。善乎宋王成器之言曰：「國家安則先嫡長，國家危則先有功，苟違其宜，四海失望。臣死不敢居平王之上。」玄宗暫平内難，宋王已知難居其上，而以先功爲讓。如太宗之功，又當何如哉？建成本庸鄙無堪，徒以年長之故，據有儲副之位，彼見太宗功高望重，率土歸心，忌嫉不得不深，禍難不得不起，建成取闔門之誅，太宗負殺兄之惡，皆高祖處置違宜之所致也。太宗固嘗辭太子之位以讓建成，未嘗聞有爭奪之計。惟建成内不自安，百計千方期於必殺，太宗於數年之間幾死者屢矣。王、魏受君命輔導太子，自合輔之以正道，既知建成畜此禍心，當如少保李綱竭忠力諫，諫若不從，即當棄官而去。彼既不務爲此，反更徇私迎合，惟勸早除秦王，不顧有君親在上，不恤其骨肉相殘，構其兄弟交惡之心，速其矢刃相加之禍，此王、魏所有之本罪，其罪正在黨於建成，不在不死建成之難也。死於其難，正爲黨惡而死，情罪益深，死固當死，但當就其自身合得本罪而死，若不即死，則遠遁山林，終身不顯，又其次也。過此以往，非所敢知。註文與程子之説不可全言管仲爲無過，不可以王、魏與管仲俱〔一〕言有功。大抵管仲之過，比王、魏所犯者特輕；管仲之功，比王、魏所成者甚大。夫子之言，蓋以大功掩其小過也。王滹南以爲：「所慊者小，所成者大，孔子權其輕重而論之。」予謂説者雖多，惟此數語可爲定論。

陳成子弒簡公。孔子沐浴而朝，告於哀公曰：「陳恒弒其君，請討之。」○註：胡氏曰：「春秋之法，弒君之賊，人得而討之。仲尼此舉，先發後聞可也。」

胡氏譏孔子處事不當，別爲畫策，以示後人，何其無忌憚之甚也？夫以孔子之聖明，加之沐浴齋戒而後言事，豈有思慮不及胡氏者哉？弒君之賊，人人固皆得以誅之，然齊

〔一〕俱，本作「停」，據四庫本改。

國之君被弑，而魯見有君在上，孔子豈有不請於君擅自發兵征討之理？己先不有其君，欲正他人弑君之罪，不亦難乎？况魯國兵權果在何人，而責孔子不先發邪？後人果用胡氏之言，擅爲如此之事，則其僭逆之罰必不免矣，明哲君子宜審思之。

古之學者爲己，今之學者爲人。○註：程子曰：「爲己，欲得之於己也，爲人，欲見知於人也。」

欲得之於己，此爲爲己之公。欲見知於人，此爲爲己之私。兩句皆是爲己，爲人之義不可通也。蓋爲己，務欲治己也。爲人，務欲治人也。但學治己，則治人之用斯在。專學治人，則治己之本斯亡。若於正心修己以善自治之道不用力焉，而乃專學爲師教人之藝，專學爲官治人之能，不明己德，而務新民，舍其田而芸人之田，凡如此者皆爲人之學也。

君子恥其言而過其行。○註：恥者，不敢盡之意。過者，欲有餘之辭。

註文以「恥其言」與「過其行」分爲兩意，解「恥」字爲「不敢盡之意」，解「過」字爲「欲有餘之辭」，聖人之言恐不如此之迂曲也。且言不過行，有何可恥？行取得中，豈容過餘？過中之行，君子不爲，「過猶不及」，聖人之明論也。註文本因「而」字故爲此説。本分言之，止是恥其言過於行。舊説君子言行相顧，若言過其行，謂有言而行不副，君子所恥。南軒曰：「言過其行，則爲無實之言，是可恥也。恥言之過行，則其篤行可知矣。」二論意同，必如此説，義乃可通。「而」字蓋「之」字之誤。

丘何爲是栖栖者與？○註：栖栖，猶依依也。

註文解栖栖爲依依，舊疏與南軒皆解爲皇皇。蓋依依，倚而安之之貌。皇皇，行無定所之貌。微生畝本譏孔子之周流不止，惟皇皇之説爲是。

疾固也。○註：疾，惡也。固，執一而不通也。聖人之於達尊，禮恭而言直如此，其警之亦深矣。

註文蓋謂孔子指微生畝爲執一不通也。微生畝謂孔子近佞，孔子復謂畝爲執一不通，此與閭閻之間互相譏罵者何異？畝雖自恃年齒之尊，言有倨傲，孔子亦當存長長之義，而以周流憂世之本誠荅之，何必復以如此不遜之言立相還報邪？南軒曰：「包註：固，謂世之固陋。」此解是。栖栖，猶皇皇也。佞，口給也。疾，猶病也。微生畝謂夫子皇皇歷説類夫尚口者，夫子以爲非敢爲佞，病夫世之固陋云爾。予謂南軒之説有温厚寬和之意，無損聖人之德，今從之。

子曰：「作者七人矣。」○註：李氏曰：「作，起也。言起而隱去者，今七人矣。」

李氏以「作」爲「起」，乃是起者七人，不知起爲如何起也。繼言「起而隱去」，一「起」字豈能兼隱去之義？若與上文通言，「賢者避世，其次避地，其次避色，其次避言，作者七人矣」，如此則義乃爲備。「作」猶「爲」也，爲此數事者，今七人矣。

王滹南曰：「作者七人，雖不見主名，其文勢似與上文爲一章。『子曰』字疑衍。」予謂古註本通是一章，註文分之之意，正爲作者上有「子曰」字也，滹南所疑者誠是，「子曰」二字當爲衍文。

果哉！末之難矣。○註：果哉，歎其果於忘世也。末，無也。

依此訓釋，解爲「果哉，忘世無之難矣」，不成文理，此句文實未詳，闕之可也。

衛靈公第十五

君子固窮，小人窮斯濫矣。○註：何氏曰：「濫，溢也。言君子固有窮時，不若小人，窮則濫溢爲非。」程子曰：「固窮者，固守其窮。」亦通。

註文取何氏之説。語録曰：「固守其窮，古人多如此説，但以上文觀之，則聖人一時荅問之辭未遽及此，蓋子路方問君子亦有窮乎，聖人荅之曰君子固是有窮時，但不如小人窮則濫爾。以固字荅上文有字，文勢乃相應。」予謂既有此説，却不宜再引程子之説，謂之亦通也。又固守其窮，分明是程子之説，古註中實未嘗有，語録言古人多如此説，亦非公論。

由知德者鮮矣。○註：自第一章至此，疑皆一時之言。此章蓋爲愠見發也。

第一章衛靈公問陳一節，孔子在衛；子路愠見一節，孔子在陳，衛與陳相去數百里，兩節非一時甚明。第二與此第三章果在何時，無文可考，今乃通指爲一時之言，未敢信也。王滹南曰：「中間有『告子貢多學一貫之』一章，既已間斷，安得通爲一時之事哉？蓋孔子世家載此而一貫語上加『子貢作色』四字，所以生學者之疑。嗚呼！解經不守本文，而信傳記不根之説，亦見其好異而喜鑿矣。」

事其大夫之賢者，友其士之仁者。○註：賢以事言，仁以德言。

人之所以處己所以接物者，無非事也。事合善道然後爲德，仁德在身然後稱賢。無無事之德，無無德之賢。今推註文之説，賢如何單以事言而無關於德，仁如何單以德言而無關於事，賢與仁如何分，事與德如何辨，皆不可曉。試從此説分仁賢爲兩意論之，事其大夫之賢者，則仁者不在所事矣；友其士之仁者，則賢者不在所友矣。人或以此爲問，不知荅者復有何説也？經文於大夫言賢，於士言仁，此特變文耳。言賢則仁在其中，言仁則賢在其中，賢者仁者義本不殊，不可強有分别也。

人無遠慮，必有近憂。○註：蘇氏曰：「人之所履者，容足之外，皆爲無用之地，而不可廢也。故慮不在千里之外，則患在几席之下矣。」

蘇氏説地理遠近，義有未安。君子以正心修身爲本，近思約守，事來則應，未聞所慮必須長在千里之外也。存心於千里之外，以備几席之間，咫尺之患，計亦踈矣。遠，久遠也。但凡作事不爲將來久遠之慮，必有日近傾敗之憂也。

子貢問曰：「有一言而可以終身行之者乎？」子曰：「其恕乎！己所不欲，勿施於人。」

○註：推己及物，其施不窮，故可以終身行之。

推己及物指恕而言，以恕爲其施不窮可以終身行之，豈仁義其施有窮，不可以終身行之邪？仁包五常，義即次之，仁義之功用尤大於恕，夫子舉終身可行之道，不言仁義，專以恕言，恐無此理。

子貢問有一言而可以終身行之者乎，蓋問只一言便可爲終身法則而行亦有如此之言乎，分明止是以言爲問，本求夫子要妙之言，主意不在所言之事也，此與「一言而可以興邦有諸」語意相類。夫子所荅「其恕乎」者，蓋謂如此之言，其以恕言則有之。「己所不欲，勿施於人」，是之謂一言可以終身行之之言也。此乃就恕上取出一言終身可行之言以荅子貢，非指恕爲終身可行也。荅子貢所求之言，須要一言之間能成一事之理，試於仁義禮智孝弟忠信諸處求之，皆無如此簡當之言。夫子從恕上取出此語，只一言便成一箇圓全義理，使人人終身行之，雖至千萬世，其言無弊，非聖人孰能如此？

吾之於人也，誰毁誰譽？如有所譽者，其有所試矣。○註：毁者，稱人之惡而損其真。譽者，揚人之善而過其實。夫子無是也。然或有所譽者，則必嘗有以試之，知其將然矣。

毁譽止是稱揚人之善惡，本無損真過實之私，但用之不公，遂有此病。公毁公譽，自不如此。若稱惡必至於損真，然後爲毁；揚善必至於過實，然後爲譽，則稱其真有之惡，揚其實有之善遂不謂之毁譽乎？下文「如有所譽」之譽，乃夫子既試之後稱其實有之善，而亦謂之譽，則譽之爲義，本無過實之私，豈不甚明？註又變易其説，以爲知其將然，意轉迂回不可曉矣。蓋試者試驗其見行之事，見善有實然後譽之，亦只是譽其見有之善而已。若於見有之善置而不問，却專揚其無可照證將然之善，我輩尚不如此，况聖人乎？毁止當解爲言人之惡，譽止當解爲稱人之善，夫子之言，蓋謂我於誰有意偏毁，於誰有意偏譽，如有所譽者，乃是曾經試驗，見善有實，然後譽之也。南軒曰：「毁者指其過，譽者揚其美，誰毁誰譽，謂吾於人初無毁譽之意也，而有所譽者，必有所試，因其有是實而稱之。」此説爲是。

斯民也，三代之所以直道而行也。○註：直道，無私曲也。言吾之所以無所毁譽者，蓋以此民，即三代之時所以善其善、惡其惡而無所私曲之民。故我今亦不得枉其是非之實也。尹氏曰：「孔子之於人也，豈有意於毁譽之哉？其所以譽之者，蓋試而知其美故也。斯民也，三代所以直道而行，豈得容私於其間哉？」

此一節與上文本不可通説，註文先指毁譽爲稱惡損真，揚善過實之私，於此乃言無所私曲不枉是非之實，蓋以誰毁誰譽與直道而行互相遷就，必欲使之通爲一意也。毁譽之説前已辨之，既毁譽無損真過實之私，則誰毁誰譽與此一節無復相關，此其不可通之一也。直道而行，止是民之自身，不爲邪惡之行，循其淳善之直道而行；善其善，惡其惡，却是剖判他人之善惡曲直，乃其在民上而治人者所爲，非其爲民者所行之道，此其不可通之二也。

凡知爲人之理者，枉人之心自不當有，何必問其民之有無私曲哉？必須彼先無所私曲，然後己纔不得枉其是非之實；彼若有所私曲，己遂得以枉之邪？聖人之心正不如此，此其不可通之三也。

既以兩節解爲一章，經之全文皆當通論，今於前一節中惟取「誰毁誰譽」一句之意，與此一段相合爲説，其於「如有所譽，其有所試矣」之兩句略無干涉，此其不可通之四也。

尹氏之説，惟解上文則可，於此一節亦不可通。蓋自「斯民」以下本自是一章，言今之此民亦三代之民耳，在三代之時皆能不爲邪惡之事，循其淳善之直道而行也，蓋傷今民不如古民之直，非天之降才爾殊，皆其風化使然，故有此歎。

南軒曰：「春秋之時，風俗雖不美，然民無古今之異，三代之所以直道而行者，亦斯民也。」此爲得之。南軒此解，與解上文之説本亦分爲兩意，故兩説皆當，然猶懷疑不斷，其下却欲牽合爲一，不免反以爲累，惜哉！王滹南曰：「記者以此屬於聖人無毁譽之下，義終齟齬，疑是兩章。」予謂南軒、滹南所見本同，須作兩章，義乃可通。此章首無主名，蓋闕文也。

吾猶及史之闕文也，有馬者借人乘之。今亡已夫。○註：楊氏曰：「史闕文、馬借人，此二事孔子猶及見之。今亡已夫，悼時之益偷也。」愚謂此必有爲而言。蓋雖細故，而時變之大者可知。胡氏曰：「此章義疑，不可強解。」

「今亡已夫」，中原古註本「已」作「矣」，「今亡矣夫」，於文爲順，然此章義實難曉，不可強解。胡氏之説誠是，前二説真強解也。

小不忍則亂大謀。○註：小不忍，如婦人之仁、匹夫之勇皆是。

婦人之仁，慈而無斷；匹夫之勇，敢而輕發。二者皆足以亂大謀，然夫子之言必居於一，無一言兼包兩意之理，此必有爲而言，今不可考，但繼上文巧言之意爲説，則婦人之仁爲近。

知及之，仁不能守之，雖得之，必失之。○註：知足以知此理，而私欲間之，則無以有之於身矣。

註言知足以知此理，理字與下文「不莊以涖之，則民不敬」義不可通。知及仁守以位言也，人於公卿大夫等位，其才智各有能至之者，或能至於大夫，或能至於公卿，然無仁義之道以守之，雖已得之，終必不久而失之也。

君子不可小知，而可大受也。○註：知，我之知也。受，彼所受也。蓋君子於細事未必可觀，而材德足以任重。

果如此說，君子不可小知，乃是斷定凡爲君子者，於小事皆無可知之善也，豈通論乎？古人於一言一行細事之間，察知人之賢者多矣，人有君子材德，於事之大處亦可知，事之小處亦可知，顧我之識見何如耳？君子在下而我不知者，正由我之識見有所未至，非彼君子無可知也。若彼之爲人果於細事之間不顧道理，所行實無可知之善，雖有能成大事之才，亦未足以爲君子也。只以語法論之，受既爲彼所受，知却爲我之知，亦甚迂曲。知與受皆當一順言之，知亦君子之知，受亦君子之受。蓋君子不爲小察，而其所務者大，如書筭小能、米鹽細務及一切纖巧技藝不必多能，此所謂不可小知也，如託孤寄命、致君澤民等事足任其重，此所謂而可大受也。

當仁，不讓於師。○註：仁者人所自有而自爲之，非有爭也，何遜之有？

當仁不讓，非爲仁爲人所自有，非有爭而不讓也，蓋其爲仁之理自不容讓，如孝於父母，先讓師孝，然後自孝，孺子將入於井，先讓師救，然後救之，皆無此理。君子殺身成仁，豈可以殺身爲讓哉？此其不讓之義，雖師亦不容讓也。

季氏第十六○註：洪氏曰：「此篇或以爲齊論。」

洪氏率爾一言，略無憑據，註文遽信從之，假如復有引或人之説，指子罕篇爲齊論，鄉黨篇爲古論，或更顛倒篇次，陞其後者於前，降其前者於後，亦當從之邪？何晏集解敘分辨魯、齊、古三論語，本末甚詳，言齊論語二十二篇，有問王、知道，多於魯論二篇。古論亦無此二篇，分堯曰下章、子張問以爲一篇，有兩子張，凡二十一篇。漢末大司農鄭玄就魯論篇章，考之齊、古，爲之註。由此推之，齊論異於魯論者，問王、知道兩篇而已，古論異於魯論者，重複子張一篇之名而已，餘者二十篇則三論語皆同，季氏一篇亦皆同有，豈容齊獨有之哉？果如洪氏之說，古論當是二十篇，魯論則十九篇也，自古以來未嘗聞有如此之說。鄭玄合併之後，亦未嘗再有更改，不知或人何從得此，洪氏乃指或人爲據，正爲道聽塗說，删之可也。

則將焉用彼相矣？〇註：相，瞽者之相。

瞽者之相，蓋取上篇相師之相爲説也。相，本訓助，訓扶，元是扶持輔佐之義，非因先有孔子相師之言，然後始有此訓也。凡其言動之間，相與扶持輔佐之者，通謂之相。如舜之相堯，禹之相舜，伊尹相湯，周公相武王，豈皆瞽者之相邪？舊說相謂輔相，言其輔相人者，當持其主之傾危，扶其主之顛躓；若其不能，何用彼相？只從此說，豈不本分。

不患寡而患不均，不患貧而患不安。○註：寡，謂民少。貧，謂財乏。均，謂各得其分。安，謂上下相安。是時季氏據國，而魯公無民，則不均矣。

寡字之意，普指國家資用諸物而言，土地、人民皆在其中，不可專言民少也。寡與貧意本無別，寡即貧也，貧即寡也，均謂貧富均匀也。貴賤上下各依其分，上無餘富，下無餘貧，雖或貧寡，而上下均匀，人自安和，不覺其貧，故曰均無貧也。杜甫所謂無富貧亦足，正得此意。

彼無道之世，至於以酒爲池，懸肉爲林，而民有飢色，野有餓莩，此其不均之甚者也。季氏富於周公，而民疲於聚斂，冉求輩又欲取顓臾以附益之，故夫子責之如此不均云者，意不專在魯公無民也。若謂季氏據國，魯公無民是爲大逆，豈可但言不均而已哉？

四書辨疑卷八　論語

陽貨第十七

陽貨欲見孔子，孔子不見，歸孔子豚。孔子時其亡也，而往拜之，遇諸塗。○註：必時其亡而往者，欲其稱也。遇諸塗而不避者，不終絶也。隨問而對者，理之直也。對而不辨者，言之遜而亦無所詘也。

經言孔子不見，只此一句足以見聖人待陽貨之本心，往拜者迫於禮之當往，不得已而然也。時其亡者，終不欲與之相見，非爲不誠於己而乃復以不誠報之，須其兩停相稱而已也。

遇諸塗而不避者，既已聲言往拜而於道塗偶然相遇，自無避之之理，非欲與之不絕也。隨問而對者，語話之間有問則自是有對，理之直與不直在其所言之事何如耳，只隨問而對，亦未可便以爲理之直也。對而不辨者，亦止是待貨爲兇愚之人，不足與辨，所以不辨，不必稱爲不詘也。

南軒曰：「在禮當往拜，烏得而不往？『時其亡』者，則不欲見之也。『遇諸塗』，則有不得避焉。貨三問而應之如響者，貨蓋不可與言者，故不申己之意，而遜辭以荅之。言雖遜而理亦未嘗枉也，此待惡人之道。」此說爲當。

性相近也，習相遠也。○註：此所謂性，兼氣質而言者也。氣質之性，固有美惡之不同矣。然以其初而言，則皆不甚相遠也。但習於善則善，習於惡則惡，於是始相遠耳。程子曰：「此言氣質之性。非言性之本也。若言其本，性即是理，理無不善，孟子之言性善是也。何相近之有哉？」

程子說此言氣質之性，非言性之本，註文說性兼氣質而言，二說相較，程子之說疐礙爲多，不知夫子何故不言性之本，論性不言性之本，而却專言氣質之性，則性之本理味矣。聖人言論恐不如此踈謬之甚也。

性與氣禀本不可相離，經中實皆兼有其義，註文兼字意當，性中止論善惡兩事，其言相近者，必不指惡處相近，蓋謂人心善處皆相近也，人心善處便是性之本，豈可謂之非言哉？若單言性之本，固是無有不善，若與氣禀兼言，衆人所禀之氣質各有偏處，所以性皆不圓，不能盡有其善，其初只能相近也。

苟非上聖之資，氣質未有不偏者，但偏多偏少，各有分數之不齊耳。偏少者，善境多，不善之境少；偏多者，善境少，不善之境多。天下之人偏少者寡，偏多者衆，故往往習善則難，習惡則易也。

然在幼歲心猶未有所習之際，雖其氣質各有所偏，而於本然之善，亦皆不甚相遠，故曰性相近也。及其漸長，各有從習，習於善則與惡相遠，習於惡則與善相遠，故曰習相遠也。

若至聰至明上智之人，以其氣質全正，天性所居之境宇周圓，雖強使之習惡，惡亦無自而入。若至昏至濁下愚之人，以其氣質極偏，其間無容天性之處，雖強使之習善，善亦無從而生。故曰惟上智與下愚不移也。如此通作一章總而論之，則天性氣質與其習以相遠，又有非習可移，自本至末，竭盡無餘，此可見聖人之言，理無不備，未嘗不言性之本也。予又推求氣質之源，見世有談命之術，及相人之術，妙其理者皆能道人壽殀休咎、性情好惡，如指諸掌。談命者專論陰陽五行，此是論氣；相者專論骨法形象，此是論質。

氣乃人生所禀陰陽五行之氣也，人之受胎而生也，隨其年月日時各有支干相配，其所遭值陰陽五行之氣數，千變萬化，人人不同。某處陰或多於陽，某處陽或多於陰，某處木或盛於金，某處金或盛於木，自毫釐倍蓰至於無筭，氣之所以不齊者此也。又其遠近之地方殊異，古今之世運推移，陰陽大氣亦有差别。父母所禀傳流在己者又常相兼，於年月日時不齊之外又有此等之不齊也。

質乃人之形質也，氣聚而後成形，有是氣則有是質，氣既如此不同，質亦不能不異，質之所以不齊者此也。一身之中不能偏舉，只如人之面貌，視其大槩則皆相類，仔細詳觀，俱各不同，人心不同亦如人面。内則五臟六腑，外則四肢百節，内外形質與心相連，通是一氣，故其心之邪正皆形諸外，相者相其外而識其内也。

性之所居者心，心之所依者身，心與身之形質氣脉若四方上下皆無一毫之偏，則性在其中無有阻礙乃能全有本然之善，若性爲氣質之偏邪，所拘則其本體不圓，不能全有其善矣。氣質與性關連之理，大槩如此。

程子發明出氣質二字，固有弘益於後學，然亦時有未盡通者。如所謂氣質之性，義實未安，既有天性，又有氣質之性，則是性有兩種。一身兩性，斷無此理。性本一也，其不同者，氣質之偏使之然也，氣質何嘗自有性哉？性在稟氣形質中，與水在器中相似，水之本體無不周圓，器有偏曲窊凸，則水亦不能圓正，不圓不正者亦只是此水，豈可别爲器之水哉？性無氣質之性，亦猶是也。

子曰：「惟上智與下愚不移。」〇註：此承上章而言。人之氣質相近之中，又有美惡一定，而非習之所能移者。程子曰：「人性本善，有不可移者何也？語其性則皆善也，語其才則有下愚之不移。所謂下愚有二焉，自暴自棄也。人苟以善自治，則無不可移，雖昏愚之至，皆可漸磨而進也。惟自暴者拒之以不信，自棄者絶之以不爲，雖聖人與居，不能化而入也，仲尼所謂下愚也。或曰：「此與上章當合爲一，『子曰』二字，蓋衍文耳。」

此段與上章本是一章，三句相連，有本有末，前已辨之。分之爲二，義皆不全，或曰之説誠是。「子曰」字爲衍文，無復可疑。註文以爲承上章而言，非也。

又，「氣質相近之中」六字之意亦差，經中只説性相近，非言氣質相近也。上智之不移，由其氣質全正；下愚之不移，由其氣質極偏，予於上文備言之矣。正爲氣質之稟絶相懸遠，故上智不可下移，下愚不可上移也。氣質相近之中，豈有美惡一定，非習可移之理？

程子又一向只説下愚不移於上智，不移略無干涉，亦不可通。如云語其性則皆善也，語其才則有下愚之不移，「才」字意昏，性與氣質皆是實有之物，今於性與氣質之外又別説「才」，不知指何者爲「才」也？説者皆宗孟子集註，以「才」爲人之能，果如此説，語其能則有下愚之不移，則程子之言愈不可曉。此「才」字本自孟子中來，孟子荅公都子問性，上言「乃若其情，則可以爲善矣」，下言「若夫爲不善，非才之罪也」。程子解之，意謂孟子既言性善，情亦善，才又善，遂以才與性情並列一同論其善惡，以爲才稟於氣，氣有清濁，稟其清者爲賢，稟其濁者爲愚，似説「才」爲材質也。註文乃云「才」猶材質，人之能也。此比程子之説，於「才」字雖有所指之實，然「材質」與「能」，義實不同，材質是言其本體，能是言其作爲，不可混而爲一也。語録中或説「才」爲材料，或説資質，或説才能，又言才之初亦無不善，緣他氣禀有善惡，故其才亦有善惡。又曰能爲善而本善者是「才」，如此之類，紛紛紜紜，不能徧舉，終無明白可曉之理，竟不知「才」果何物也？大槩只是説才本是善，不能爲不善，及解「赦小過舉賢才」却説「賢，有德者；才，有能者」。又解「驥不稱其力，稱其德也」，亦説人有才而無德則亦奚足尚哉？才與善却有如此分别，與其「能爲善而本善者是才」之説豈不自相矛盾邪？

「才」字本有兩義，一爲才能，一爲材質，惟所用處各有不同，今此「才」字若以爲才能之才，語其才能則有下愚之不移，辨已在前，既不可通；若以爲材質之才，材質專歸下愚而無關於上智，亦不可通。孟子中「才」字予既有其辨矣，上智下愚不移，亦有前説，程子以下諸「才」字之説自不須用。

程子又言人苟以善自治，則無不可移，雖昏愚之至皆可漸磨而進，惟自暴自棄者不可化。理亦未當，既已昏愚之至，如何却能有以善自治之美？此論正是反孔子之言爲説也。孔子以下愚爲不可移，程子以至愚爲必可移。若程子之言果是，則孔子之言非也。然世間自有無慧而不辨菽麥者，問鳴蛙屬官屬私者，此則爲昏愚之至，雖聖人與居，亦不可漸磨而進。孔子之所謂下愚者，此類是也。彼自暴自棄之人，多是非不能而自不爲者，愚則愚矣，非皆下愚，猶有可移之理也。太甲初亦自暴自棄矣，及爲伊尹所放，三年而後改過遷善，卒爲賢君，豈非可移之驗歟？雖然，若無伊尹道德功業兼重之勢以制之，亦不能移此，又不可不知也。

公山弗擾以費畔。○註：弗擾，季氏宰。與陽虎共執桓子，據邑以叛。

舊疏云弗擾即左傳公山不狃也，字子洩。註文蓋於舊疏中去此一節，而取其下文也。雖不明指弗擾爲誰，推所言之事，亦是以弗擾爲不狃也。然左傳或稱不狃，或稱子洩，未嘗又稱弗擾也。又以史記與左傳對考其事所載亦多不同，註文與二書皆不相合。史記於定公九年陽虎出奔之下，言公山不狃以費畔季氏。十二年，言仲由爲季氏宰，將墮三都。公山不狃率費人襲魯。左傳惟十二年有不狃帥費人襲魯之事，十二年以前，未嘗於不狃言叛也。若從史記之説，不狃自九年以費叛，至十二年猶據費邑，而率費人襲魯，季氏之於費邑，豈有經涉三年，不往攻取之理？若從左傳之説，惟以十二年帥費人襲魯爲不狃之叛，而陽虎出奔已踰三年，不可謂與陽虎共執桓子以叛也。况是時孔子爲魯司寇，不狃以叛逆之人而召司寇，孔子居司寇之職，而欲往從叛人之召，皆無此理。以弗擾爲不狃之説不知如何，以待别考。

吾其爲東周乎？○註：爲東周，言興周道於東方。

註言〔一〕，興周道於東方，夫子欲自興之邪？將欲輔人興之邪？輔人興之，將欲遷周王於東方輔之邪？將欲君弗擾於費邑輔之邪？是皆不可得知。

語録曰：「使周家修其禮物，作賓於王家，豈不賢於赧王自獻其邑而滅亡乎？」史記孔子世家曰：「公山不狃以費畔季氏，使人召孔子，孔子循道彌久，温温無所試，莫能己用，曰：『蓋周文武起豐鎬而王，今費雖小，儻庶幾乎？』」語録是誘説周家，當如堯之禪舜。史記是窺伺時釁，欲據費邑代周。語録是輭取，史記是硬取，二説均爲無禮，史記

〔一〕言，本作「昏」，今據四庫本改。

爲尤甚。聖人之心，寧有是哉？

况欲倚叛人以興聖王之道，據一邑以圖天下之功，此又昏狂人所爲之事，今乃直以爲聖人之本圖，何其固執如是邪？聖人寃抑至此，莫有肯爲伸理者，悲夫！使異端中有能窺見此釁者，因而乘之，指聖人爲叛逆之人，則吾道受害蓋不淺也。纂疏又引語録荅門人之説曰：「若謂弗擾既爲季氏臣，便不當叛季氏，所謂改過者，不過於臣順季氏而已。此只是常法，聖人須別有措置。」此蓋以季氏強僭於魯，謂弗擾叛之爲是也。以臣叛主，從而是之，不知何義。以當時普天下觀之，諸侯卿大夫之違禮犯義、強僭無上者，滔滔皆是也。爲其臣者，知有不可止，當退而不仕，必無據人之邑反叛之理。若謂弗擾之反叛爲是，則其天下之臣於諸侯及爲卿大夫之家臣邑宰者，皆當各叛其主，家臣叛大夫，大夫叛諸侯，以亂敵亂，亂益滋多，天下國家寧有治邪？且前註言弗擾與陽虎共執桓子以叛，既於弗擾稱是，則陽虎亦無不是，而註文解陽貨欲見孔子，孔子不見，却也説陽貨爲亂，孔子不見義也。二人同黨，志同事同，而有是非善惡之分，此何説也？

註文又引程子一説曰：「聖人以天下無不可有爲之人，亦無不可改過之人，故欲往。

然而終不往者，知其必不能改故也。」觀此所論，於本人反叛中，而更望其有爲，不知將爲甚事。前句欲弗擾有爲，後句欲弗擾改過，聖人之心，果何如也？况不可有爲之人，不可改過之人，聖人未嘗言無也。孟子言自棄者，不可與有爲也。此豈不是天下有不可有爲之人。夫子言下愚不移，此豈不是天下有不可改過之人。既言聖人以不可改過之人爲無，又言知弗擾必不能改，此却是以不可改過之人爲有。前既言無，後却言有，既欲其進而有爲，又欲其退而改過，反覆顛倒，殆不可曉。推夫子欲往之心，初亦只是見其來召有道之人，想是有改悔之意，欲往從而勸之，使之去逆從順，復歸於魯而已。其意不過如此，豈有與興周道之理。

荅子路之言，上下通看，文有宛轉。「夫」字、「如有」二字、二「者」字，皆是普該衆人之辭，非直指弗擾而言也。吾其爲東周乎，其猶豈也。夫子身在周東，故以東周爲諭。蓋言凡其召我者，豈虚召哉，必將聽信我言，用我之道耳。譬如今此東方諸國，有能信用我者，我必正其上下之分，使之西向宗周而已，我豈與之相黨，別更立一東周乎？只此便是欲勸弗擾歸魯之意，聖人之言辭不迫切如此。初將勸令改過遷善，以此欲往，仁之事也。察知其心終不能改，以此不往，智之事也。若乘弗擾之叛，欲與共興周道於東方，則是無仁無智之舉，不可以此揆度聖人也。

吾豈匏瓜也哉？焉能繫而不食？○註：匏瓜繫於一處而不飲食，人則不如是也。

註文正說處止是「人則不如是也」之一語，於匏瓜之諭，略無發明，與上文「磨而不磷，涅而不淄」不可通。説繫而不食者，言其爲無知之物也。夫子蓋謂我之所往自有當往之理，我豈受其磨涅與之同惡，如匏瓜之不動不食，蠢然不知去就哉。

色厲而内荏，譬諸小人，其猶穿窬之盜也與？○註：小人，細民也。穿，穿壁。窬，踰牆。

解小人爲細民，其意以爲色厲内荏穿窬之盜已是邪惡小人，中間不可再言小人，以此爲疑，故改小人爲細民也。蓋不察小人爲作，非止一端，或諂或讒，或姦或盜，或顯爲強暴，或暗作私邪，或心很而外柔，或色厲而内荏，推而辨之，何所不有？譬諸小人者，言於衆小人中譬之也。荏，柔媚也。諸，之也。以色厲内荏之人，譬之於諸般小人，惟其爲穿窬之盜者可以爲比也。

註又以「穿窬」二字分爲兩事，穿爲穿壁，窬爲踰牆，亦爲少思。蓋穿壁而入者爲竊盜，踰牆而入者爲强盜，二者之情狀不同。夫色厲而内荏者，外示嚴正之色以影人，内懷柔媚之心以取事，惟以隱暗中穿壁之竊盜方之爲是，與彼踰牆排户無所畏憚之强盜，大不相類。況窬字分明以穴居上，而訓門邊小竇，竇又訓穴，穿窬乃穿穴也。改窬爲踰，解爲踰牆，非也。

道聽而塗説，德之棄也。○註：聞善言，而不爲己有，是自棄其德也。

不説如何是道聽，如何是塗説，但説聞善言而不爲己有，觀其大意，蓋謂聞善言則當蓄之而爲己用，不可於道塗之間傳説與人也。予謂聖人教人必不如此，所聞之言果善，正當廣以傳人，若於道塗之間遇有可傳之人，傳之何礙？傳説與人，亦何損於己有哉？蓋此章戒人聽人所傳，傳己所聽，皆不可不謹。道塗之間濫聽將來，不考其實，即於道塗傳説與人，如此輕妄則必不爲雅德君子所與，故曰德之棄也。「德之棄」三字，文理甚明，非謂自棄其德也。舊疏云：「聞之於道路，則於道路傳而説之，必多謬妄，爲有德者所棄也。」此説爲是。

其未得之也，患得之。○註：何氏曰：「患得之，謂患不得之。」

何氏之説固是，然經中本無「不」字，文不相合，東坡謂患得之當爲「患不得之」，蓋闕文也。此爲完説。

古者民有三疾，今也或是之亡也。○註：氣失其平則爲疾，故氣稟之偏亦爲疾。昔所謂疾，今亦無之，傷俗之益衰也。

三疾下文所言是也，氣稟之偏，古今之民皆有之，非獨古民爲然。其所偏處，人人不齊，亦非止三者而已。果三疾爲氣稟所偏，則「今也或是之亡也」之一句，却是説今民氣稟皆正，而無古民之偏也，恐無此理。况氣稟偏正，乃人生自有，風俗盛衰，蓋教化使然，因人氣稟不正，却傷風俗衰薄，理亦未是。夫子止是傷其時風益衰，民俗所習，漸不如古，故有此歎，非論氣禀偏正也。疾，猶瑕病也。言古之民行，當時指爲瑕病者有三，今民瑕病又與古民不同，思欲復見如其古者三等之人，今亦不可易得，故曰或是之亡也。

惡徼以爲知者。〇註：徼，伺察也。

惡伺察以爲智，亦説得過，然「徼」本訓抄，舊説抄人之意以爲己有，所以惡之，此説義明。

微子第十八

至則行矣。〇註：孔子使子路反見之，蓋欲告之以君臣之義。而丈人意子路必將復來，故先去之以滅其迹。

子路乃路行過客，既已辭去，安能知其必復來也？丈人既欲自滅其迹，則不當止子路宿於其家，而又見其二子也。彼之出行果因何事不可得知，未須如此億度也。

子路曰：「不仕無義」○註：福州有國初時寫本，「路」下有「反子」二字，以此爲子路反而夫子言之也。未知是否。

夫子使子路去時略無一言，至其迴來纔爲此說，義有未安。況古今天下印本寫本皆未嘗見有添此二字者，惟此福州一寫本有之，其說義又不通，不宜收録，删之以斷後人之疑可也。

周有八士：伯達、伯适、仲突、仲忽、叔夜、叔夏、季隨、季騧。○註：或曰成王時人，或曰宣王時人。蓋一母四乳而生八子也，然不可考矣。

四乳之説，經中本無，今人又分兩説，有説四箇乳爲四乳者，有説四産子爲四乳者，一身四箇乳，四産生八子，事皆怪異，不當贅於聖經。成王時人，宣王時人，亦無實據，荒妄之傳皆不可取。

子張第十九

雖小道，必有可觀者焉；致遠恐泥，是以君子不爲也。○註：小道，如農圃醫卜之屬。

「君子不爲也」之一語，此甚有疾惡小道之意，必是有害聖人正道，故正人君子絶之而不爲也。農圃醫卜，皆古今天下之所常用，不可無者，君子未嘗疾惡也。况農又人人賴以爲生，其尤不容惡之也。註文爲見夫子嘗鄙樊遲學稼之問，故以農圃爲小道，此正未嘗以意逆志也。蓋樊遲在夫子之門不問其所當問，而以農圃之事問於夫子，夫子以是責之耳，非以農爲不當爲也。

古人之於農也，或在下而以身自爲，或居上而率民爲之，舜耕於歷山，伊尹耕於莘野，后稷播時百穀，公劉教民耕稼，未聞君子不爲也。又農圃醫卜亦未嘗見其致遠則泥也。蓋小道者，如今之所傳諸子百家功利之説，皆其類也。取其近效，固亦有可觀者，期欲致遠，則泥而不通，雖有暫成，不久而壞，是故君子惡而不爲也。農圃醫卜不在此數。

曾子曰：「吾聞諸夫子：孟莊子之孝也，其他可能也；其不改父之臣與父之政，是難能也。」○註：孟莊子，魯大夫。其父獻子有賢德。而莊子能用其臣，守其政。故其他孝行雖有可稱，而皆不若此事之難。

註中不見難能之理，義有未盡。南軒曰：「莊子之不改，意者其政雖未盡善，而亦不至悖理害事之甚，故有取其不忍改也。蓋善而不改，乃其常耳，不必稱難能；惡而不改，則是成其父之惡，不可稱難能也。」胡寅曰：「莊子之繼世也，必其先臣先政有不利於己者，他人不能不改而莊子能之，是以稱難。」王滹南謂二説皆有理，胡氏之説尤親，予意亦然。

堯曰第二十

天之曆數在爾躬。〇註：曆數，帝王相繼之次第，猶歲時節氣之先後也。

曆數既以天言，當是天之曆運之數。鄭玄妄引圖讖爲説，固不足道，而註文不肯顯言天數，亦恐涉於妖妄也。然天數自有本分説處，顯言何礙？大抵人能成德於身、成功於世，無非天也。

書言「予懋乃德，嘉乃丕績，天之曆數在汝躬」，亦是見有盛德大功乃知天之曆運之數在其身也。此連下文「允執厥中，四海困窮，天禄永終」，凡四句，皆虞書大禹謨舜以命禹之文，未嘗又見堯以此言命舜也。

經言「堯曰：『咨！爾舜』」今不可考，况此四句乃是於大禹謨篇中零散採摘湊合在此，非舜命禹之全文也。又通看一章經文，自「堯曰」至「公則説」語皆零雜而無倫序，又無主名，不知果誰所言。古今解者不爲少矣，終不見有皎然明白可通之説，亦不見有公心肯言不可通解者，惟東坡謂此章雜取禹謨、湯誥、泰誓、武成之文，顛倒失次，不可復考。王滹南謂此説爲近人情，予與滹南意同。

猶之與人也，出納之吝，謂之有司。○註：猶之，猶言均之也。均之以物與人，而於其出納之際，乃或吝之而不果。則是有司之事，非爲政之體。項羽使人，有功當封，刻印刓，忍弗能予，卒以取敗，亦其驗也。

「猶」無訓「均」之例，解「猶之」爲「均之」，亦甚費力。語録曰：「史家多有此般字」，此言亦似未真。既言多有，却不指出一字爲證，學者不得無疑也。又「出納之吝」

與上三惡亦不相類，若以項羽之事論之，雖有司亦不當如此，經中或有脱誤，闕之不講，似亦無妨。

不知命，無以爲君子也。不知禮，無以立也。不知言，無以知人也。○註：尹氏曰：「知斯三者，則君子之事備矣。弟子記此以終篇得無意乎。」

君子當知之事，非止三者而已，知斯三者，豈可便以爲備乎？果如尹氏之説，則三者不可相離，闕一則爲不備也。然三者其實各自爲用，未嘗不可相離也。夫子之言，亦只是汎舉學者之急務，非以三者總包君子之事也。又所謂弟子記此以終篇者，亦爲過論。論語一書皆其諸弟子集記聖人之言，記盡則已，非如特作一篇文字，前有帽子，後有結尾也。尹氏之論斷不可取。

四書辨疑卷九　孟子

梁惠王上

王亦曰仁義而已矣，何必曰利？○註：重言之，以結上文兩節之意。

此果爲孟子重言，「亦」字下須更有一「當」字，文乃可通，然於事理，終亦不安。蓋是責梁惠王亦當如己所言而言，此世俗所謂我相話者是也。大賢氣象，正不如此。若只解爲梁惠王語，文與事理俱順，而註文不取者，其意必謂開納仁義之言，乃賢君之事，非梁惠王所能及也。蓋不察其本情，此乃辭窮理屈，不得已而面從之言，非誠心也。舊疏云，惠王悟孟子之言爲是，而以己言爲非，故亦以此應之。此正犯註文不取之意，其實梁惠王何嘗能悟此哉？其説歸之梁惠王者是也，其所以歸之者非也。宜曰：惠王心實未以爲然，特以辭屈，面從之也。

不日成之。○註：不日，不終日也。

「不終日」三字意昏，學者猜爲兩説：一説不終一日而成；一説官無督責之嚴，民之役作每不至於終日也。未知註文果主何説。若言不終一日而成，非有司督責嚴急必不至，此不可謂之「勿亟」也，况臺沼之功，實無不終一日可成之理，「經之營之」，亦是緩慢之辭，非有急迫速成之意；若謂民之役作每不至於終日，却無「庶民子來」之勤意。二説義皆不通。「不日」二字，人所常言。如唐太宗謂真珠可汗不日瓜剖之，李德裕謂上黨不日有變，蓋皆言其日限不遠也，「不日成之」者，猶言不多日而成之也。

王好戰，請以戰喻。○註闕。

「願比死者一洒之」「糜爛其民而戰之」，此皆惠王好戰之事也，夫以移民粟，重惜民命，仁也；好戰殘民，不仁也。二者不容兼有，猶水火之不可並處也。今梁惠内實好戰，外邀仁聲，汲汲然望其民之多於鄰國。原其本情，蓋欲誘集衆力以爲戰鬬之資，其爲不仁也甚矣！孟子首以「王好戰」爲對者，蓋所以明其窮兵嗜殺、暴棄民衆，與鄰國無異，移民移粟，非有仁愛之實心也。下文五十步百步之喻，正謂此也。

填然鼓之。○註：填，鼓音也。

填本訓塞，訓滿。若直截解爲鼓音，似爲未當。蓋鼓音滿軍中之意也。舊疏云：鼓音充塞盈滿於戰陣之際。此説義完。

不違農時，穀不可勝食也；數罟不入洿池，魚鼈不可勝食也；斧斤以時入山林，材木不可勝用也。○註：此皆爲治之初，法制未備，且因天地自然之利，而撙節愛養之事也。然飲食宫室所以養生，祭祀棺椁所以送死，皆民所急而不可無者。今皆有以資之，則人無所恨矣。

註文不明，似有不肯盡信孟子之意，夫禁數罟斧斤不爲暴殄，戒傜役不奪農時，以王政言之，蓋萬世不易之常法。今皆以爲爲治之初，且因天地自然之利而爲之，則既治之後，當遂不可用邪？恐無此理。

五畝之宅，樹之以桑，五十者可以衣帛矣；雞豚狗彘之畜，無失其時，七十者可以食肉矣。○註：五十始衰，非帛不煖，未五十者不得衣也。七十非肉不飽，未七十者不得食也。

經言五十、七十亦是大約，言其衰老之年。四十以後年近五十，六十以後年近七十，皆在其中，未嘗額定必須年至五十方纔衣帛、必須年至七十方纔食肉也。今言未五十者不得衣、未七十者不得食，假使桑蠶饒足、雞豚蕃息，而全家數口之中未有五十、七十之老者，則四十九歲以下亦有得衣帛者，六十九歲以下亦有得食肉者，豈有限定不得之理？說者但言年近五十者可以衣帛、年近七十者可以食肉，義理自足，「不得衣」「不得食」之兩句，姑置之可也。

黎民不飢不寒。○註：黎，黑也。黎民，黑髮之人，猶秦言黔首也。少壯之人，雖不得衣帛食肉，然亦不至於飢寒也。

此以黑髮爲少壯之人，所以别其五十、七十之老者也，然以黎民比黔首，文理不同。黔有首字相配爲言，則語意自圓。黎民中間，本無髮字，訓黎爲黑，是爲黑民，欲爲黑髮之民，文不全矣。黎本訓衆，又訓黑，所用各有不同。詩、書稱「黎民」者，先儒皆解爲衆民，不聞有異。近世始有黑髮黔首之説。文公詩傳、東萊讀詩記解「民靡有黎」，亦皆訓黎爲黑，説爲黑首之民，此更難道。單一黎字又在一句之末，其下别無字義，黎既訓黑，止可解爲「民靡有黑」，不知「黑」爲何物也？此乃服前一字之義，何其不思之甚邪？餘皆勿論。此黎字亦止當訓衆，蓋言五十、七十者衣帛食肉，其餘衆民亦不飢寒。衆字之義，與老者自有分别，不必直言黑髮也。

狗彘食人食而不知檢，塗有餓莩而不知發；人死，則曰：「非我也，歲也。」是何異於刺人而殺之，曰：「非我也，兵也。」○註：惠王不能制民之産，又使狗彘得以食人之食，則與先王制度品節之意異矣。至於民飢而死，猶不知發，則其所移特民間之粟而已。乃以民不加多，歸罪於歲凶。

孟子於此，蓋反上文兩節之意爲説，初以不知發而歸罪於歲者，諷喻梁惠王當自責己、復引刺人，而歸罪於兵者，轉以諭罪歲之論，凡兩曲折，皆假設比方之言。今乃直認爲梁惠王真實事迹，誤矣。如曰「非我也，歲也」「非我也，兵也」，世間未嘗真有此等事，亦未嘗真有此樣人。蓋其比况之間，自有如此抑揚之理，正在以意逆志以求之耳，况其所喻之情狀，與彼梁惠王所行事迹，亦甚易辨：一則移民粟以致衆將内之於戰陣之間，雖糜爛之而不悔；一則坐視其民飢餓至死而不救，曰「彼歲爲之，何預我事？」彼爲強横有作爲之不仁，此爲弛縱無顧藉之不仁，既已爲彼，必不作此併以加之，非通論也。

又言「所移特民間之粟」者，此蓋見其移粟與「不知發」相窒，故爲此説以避之耳。然亦自有本分説處，不必如此迂曲之甚也。蓋梁惠王移粟之意，止是欲張聲譽、邀結人心，非有恤民之實念，故孟子以「不知發」爲諷，其間或更虚爲形迹而實無所給、或所給薄少而無補於衆，是皆不可得知。今直以爲民間之粟，何所據邪？

所謂乃以民不加多歸罪於歲凶者，此又指梁惠王爲其民因歲凶飢餓致死而不加多也，意又悖矣。彼以告孟子之意，蓋以移民移粟爲己盛德，宜爲遠人所歸，户口增多於鄰國也，既而恨其竟不加多，止是怨恨鄰國之民不來歸己，何關於歲之豐凶哉？下文「斯天下之民至焉」是爲明證。

王無罪歲，斯天下之民至焉。○註：不罪歲，則必能自反而益修其政。天下之民至焉。

此又説孟子欲使梁惠王真不罪歲，誤益甚矣。王無罪歲者，請王不以罪歲之心爲心也，非謂實不罪歲也，不以罪歲之心爲心，不專責人而自責己，則必能改修善政、施實德於民，則天下之民至焉，而民多於鄰國也。以此觀前節恨其民不加多之意，果不在於歲凶也，明矣。

願比死者一洒之。○註：比，必二反。比，猶爲也。言欲爲死者雪其恥也。

夫東敗南辱，西又喪地，皆惠王之恥，經既明言「寡人恥之」，止當順本文爲説。今言爲死者雪恥，戰以君命，戰死以國事，死彼何恥哉？比，當讀爲上聲。比，猶比方，做傚之也。蓋將不顧其生，願傚前之戰死者與敵決戰，以此幸勝，而雪其恥也。

無以，則王乎？○註：以、已通用。無已，必欲言之而不止也。王，謂王天下之道。

以，既爲已，王又當讀爲去聲，從而讀之，文皆不順。止當各從本字。無以，無以言也。桓文之事既無以言，則言王道，可乎？

是乃仁術也。○註：術，謂法之巧者。蓋殺牛既所不忍，釁鍾又不可廢。於此無以處之，則此心雖發而終不得施矣。然見牛則此心已發而不可遏，未見羊則其理未形而無所妨。故以羊易牛，則二者得以兩全而無害，此所以爲仁之術也。

齊宣王偶見觳觫之牛，與其乍見孺子將入井時，心本相似，卒然爲不忍之慈所迫，惟是急欲救免其死而已。此心於此時，恐不暇如此安排，若顧念釁鍾而用如此之巧，乃是人欲之私，非本然不忍之善心也。今以一「術」字之故，周折至此，孟子之意，果如是乎？曰：定不然也。此於經文自有明說：「見其生，不忍見其死」，只此便是仁術。

大抵不忍之心，易以及人，難以及物。或有施及於禽獸者，必須因有見聞而後發，不見不聞者，此心無自而及之也。故雖上善之人，不見觳觫之狀者，未嘗不忍見其死；不聞哀鳴之聲者，未嘗不忍食其肉。齊宣改用未見之羊，亦此理也。何巧之有哉？

術，訓方術，又訓邑中道。今亦止當訓道，蓋謂仁心接物之道路也。見牛觳觫可愍之狀，則此心有路以及牛；未見羊之可愍之狀，則此心無路以及羊。心之來路必須經由目之所見，其理自有如此曲折，象其邑中之道而言，故謂之仁術。孟子之言，曲盡仁心妙用之理。學者須靜思之，然後可得。今之儒者止是註解前人之言，未聞有能自說如此一言者，欲以解經之文，而與孟子爲比，難矣哉！

是以君子遠庖厨也。○註：其所以必遠庖厨者，亦以預養是心，而廣爲仁之術也。

「是以」二字，乃是因上起下之辭，此句續上文爲義，本言不忍之心，自然不欲以近庖厨也。今加「必」字，又曰「預養」，却是力行自修之道，與本然不忍之善心不同。況仁乃己所固有，「我欲仁，斯仁至矣」，復將廣何術而爲之乎？若言養是心以廣仁術則可，謂廣爲仁之術則不可，然則養仁心廣仁術亦豈專於遠庖厨而已哉？

爲長者折枝。○註：以長者之命，折草木之枝，言不難也。

以折枝爲易爲之事，此學者共能知之，然須説到與「長者」二字相合處方是。今言折草木之枝，止是單取折之之易，此於「長者」有何干涉？果長者之命於此有必用之理，有則方可折，無則乃不可，然後此説可通。不然，「爲長者」三字於文爲贅，當時何若便不説此三字，直言「折草木之枝，語人曰：『我不能』」，顧不順快邪，又何須長者之命哉？

經文既言爲長者折枝，則折枝之義屬於長者，其爲不可相離之物甚明，上下語脉須有關連，豈容一句之内而有如此支離不相照管之理？只以語法律之，不言草枝木枝，但云折枝，不成語矣。况草木之枝亦有堅脆大小之不同，脆而小者折之固易，若樹木之枝既堅且大者，伐之而匪斧不克，豈可一槩言其易折哉？舊説爲長者按摩手節，此以「枝」爲肢體之「肢」字，義本是。然所謂按摩手節者，事却迂僻亦不可取。爲長者屈折肢體，止是卑幼之於尊長，常用易爲之禮貌耳，如斂手屈膝折腰之類，皆其事長上之禮也。説者宜云：枝與肢通用，折枝謂斂折肢體，如斂手折腰爲長者作禮也，此與「徐行後長者」意正相類，皆言不難爲也。

刑于寡妻○註：寡妻，寡德之妻，謙辭也。

謙辭之説，是非甚不難辨。妻乃文王之妻，詩是國人所作，豈容有此謙辭哉？况寡人爲寡德之人，乃人君自謙之辭，以此稱妻，未見其例。或曰：邦人稱邦君之妻曰寡小君，亦謙辭也，豈非例歟？予應之曰：此惟稱諸異邦則可，稱於國中則不可；謂爲寡德之小君則可，謂爲寡德之妻則不可。毛氏詩注：「寡妻，適妻也」，意則當矣。但辭語太簡，説不分明。鄭氏箋：「寡妻，寡有之妻，言其賢也。」此亦迂説，斷不可取。「刑于寡妻，至于兄弟，以御于家邦」，分明説文王之化，自近以及遠，自寡以及衆，此寡字止是單寡，非衆之意。雖貴爲天子，富有四海之内，亦惟正后一人爲妻，妻惟一人，故以單寡稱。孔穎達正義：「適妻惟一，故言寡」，此説爲當，蓋亦毛氏之意也。

權，然後知輕重；度，然後知長短。物皆然，心爲甚。王請度之！○註：言物之輕重長短，人所難齊，必以權度度之而後可見。若心之應物，則其輕重長短之難齊，而不可不度以本然之權度，又有甚於物者。今王恩及禽獸，而功不至於百姓。是其愛物之心重且長，而仁民之心輕且短，失其當然之序而不自知也。故上文既發其端，而於此請王度之也。

前註言推恩次第，「必由親親推之，然後及於仁民；又推其餘，然後及於愛物，皆由近以及遠，自易以及難」。其説當矣。繼云「今王反之，則必有故矣。故復推本而再問之」，此蓋指今恩足以及禽獸，而功不至於百姓，是謂反之也。引下註與本經支離自此爲始，蓋以不殺釁鍾之牛，謂是恩偏禽獸，以此爲愛物重長之説，誤亦甚矣！至於野有餓莩、廄有肥馬之類，薄棄民人、厚恤禽獸，此其爲愛物之私也，計彼齊宣所爲類此者，蓋亦不少。但此捨牛一事，特出於一時之不忍，乃是人之固有之仁，偶因遇物發見於外，此天理之至公與彼私愛之心，自是兩岐，非難辨也。

孟子既言是心足以王矣，則此心爲至公之心，本非有愛物重長之私，豈不甚明？孟子全章曲折引諭，皆是譏其不能推廣此心，何嘗以此心爲不善、謂其有反之之意哉？「今恩足以及禽獸，而功不至於百姓者，獨何與」者，言王之此心能自推而廣之，雖於異類難及之禽獸，其恩亦足可以及之也，今於同類易及之百姓，其功效猶且不至者，乃是不曾推廣此心也。「獨何與者」，偏何如也，猶俗言偏爭甚也。蓋上文先言「不推恩無以保妻子」，以彼校此，均是不善推恩，彼此無異，故言獨何與也。此與「吾力足以舉百鈞」一段文勢相同，試引證之，其説自見。

又「足以」二字，乃是預期事效之辭，今恩足以及禽獸，此但言其恩之可及，非言已及也，如謂推恩足以保四海，非謂已保四海也。知此，則知孟子之言，本不謂齊宣之恩已曾實有，惟以及物不以及人之異也。由此觀之，齊宣於觳觫之牛，既無偏私之心，孟子之言又未嘗謂其有反之之意。所謂重長輕短之心，果安在哉？語意關緊處，正在「足以」二字，註文却特删去不用，直言「今王恩及禽獸而功不至於百姓」，易無爲有，以就重長輕短之説，違本經之義遠矣。

孟子請度一節，本以結上文之意也。權度所以喻心也，「物皆然，心爲甚」者，言以物度物，皆有如此可準之則，故曰物皆然也。物雖皆有如此之則，如稱尺於度量之間，終亦不能無毫忽之差，以心度心，無不同者，凡己所欲即人之所欲，凡己所惡亦人之所惡，其則又準於彼，故曰心爲甚也。「施諸己而不願，亦勿施於人」「民之所好好之，民之所惡惡之」「老吾老以及人之老，幼吾幼以及人之幼」，舉此加彼，推己及人，是皆絜矩之道，所謂度也，上文言之備矣。「王請度之」者，請王如此度之也。

抑王興甲兵，危士臣，構怨於諸侯，然後快於心與？○註：孟子以王愛民之心所以輕且短者，必其以是三者爲快也。然三事實非人心之所快，有甚於觳觫之牛者。故指以問王，欲其以此而度之也。

孟子前言推己及人之事，此言危衆快己之事，蓋反前説故以問王，欲觀所荅之意耳。本與上文請度之事無相干涉，以此爲度，甚無依據，然其必須辨者，前已辨之，餘亦不須盡舉也。

梁惠王下

王變乎色，曰：「寡人非能好先王之樂也，直好世俗之樂耳。」○註：變色者，慚其好之不正也。

註文以變色爲慚，舊説爲恚怒。其實慚、怒兼有之。慚者，慚己所好之不正而爲孟子所知；怒者，怒莊暴不爲己隱輒以告孟子也。「寡人非能好先王之樂也，直好世俗之樂耳」者，此又拒孟子之言，恐其言先王之樂以正己之不正也，餘見下説。

曰：「王之好樂甚，則齊其庶幾乎！今之樂猶古之樂也。」〇註：范氏曰：「孟子切於救民，故因齊王之好樂，開導其善心，深勸其與民同樂，而謂今樂猶古樂。其實今樂古樂，何可同也？但與民同樂之意，則無古今之異耳。若必欲以禮樂治天下，當如孔子之言，必用韶舞，必放鄭聲。蓋孔子之言，爲邦之正道；孟子之言，救時之急務，所以不同。」

此蓋謂孟子勸齊宣王以其所好世俗之樂與民同樂，是謂救時之急務也。彼世俗之樂，即鄭衛之聲也，范氏謂孔子必放鄭聲，孟子則不同，亦是以孟子所言今之樂爲鄭聲也。此聲之爲物也，荒靡淫泆，易以惑人，故好之者衆。孔子疾惡必放之者，爲其深有害於世也。孔子惡其害世，孟子取以救時，斷無此理。孟子一書，無非救時之急務，而皆本於正道，枉尺直尋固所不爲，未嘗見有輒與孔子不同。枉道以從時好者，况世俗所好淫邪之鄭聲，雖區區之齊宣王尚知慚其不正，今乃反以爲孟子所先之切務，是何期孟子之淺也？

孟子初荅莊暴「王之好樂，齊國庶幾」之言，本欲爲王言先王之樂，使知爲治之本耳。及見其有慚怒之色，又言「寡人非能好先王之樂」，則前欲言者爲其所拒而不能進，故就其言以誘之，使其心順氣和以聽己之所言而已。「王之好樂甚，則齊其庶幾乎」者，此特引下句之意，與其所以荅莊暴者，言辭雖同，其所言之意則異矣。「今之樂猶古之樂」者，此是繼上句以解齊宣慚怒之氣，蓋皆將就引誘之辭，非實謂古今樂同而有勸用今樂之意也。

今王與百姓同樂，則王矣。○註：好樂而能與百姓同之，則天下之民歸之矣。

此又指孟子勸齊宣王以所好之樂與百姓同之，是爲同樂也。孟子問齊宣衆樂獨樂、多樂少樂，非是勸其與衆多之民同觀所好之樂而已也，此特引喻，使知廣與衆民同樂之實耳。孟子與齊、梁之君言其與民偕樂、同樂者，非獨此也，皆以省刑罰、薄税斂、樹藝畜養、不奪其時，使老者衣帛食肉、黎民不飢不寒、頒白者不負戴於道路、父子兄弟無離散之悲，是謂與民同樂也。上註言「行仁政，使民各得其所」，大意本是。至此却説「好樂能與百姓同之，則天下之民歸之矣」，若無仁政善治之實，但與百姓朝暮同觀所好之樂，恐終無同樂之期，亦無天下之民歸之之理，好樂同者，未見其是。

文王之囿方七十里。〇註：古者四時之田，皆於農隙以講武事。

註文蓋取左傳臧僖伯諫隱公之言爲説也，四時惟冬爲農隙，冬狩講武，必然之道，餘三時，農本無隙。四時田獵，雖各有名，未必春須蒐、夏須苗、秋須獮也，此蓋或時有之，因以爲名耳。如宵田曰燎，豈必夜夜須獵邪？皆於農隙講武，恐未然也。

今也不然。〇註：今，謂晏子時也。

今字之意，本指景公輩而言，改晏子爲景公則是。

睊睊胥讒，民乃作慝。〇註：睊睊，側目貌。胥，相也。讒，謗也。慝，怨惡也，言民不勝其勞而起謗怨也。

註文初亦訓睊睊爲側目，胥爲相，然於通解處却皆置而不説，又於「民乃作慝」一句亦不再言民字，誤皆不淺。試皆依其訓釋，復使睊睊與胥字、民字預在説中，取經文相對，通爲一讀，乃是民不勝其勞而側目相謗，民乃作怨也。語意差互，殆不可曉。舊説在位者側目相視，更相讒惡，下民化之而作慝惡也。此説本是。蓋昏亂之世，賢人退隱，姦貪掊克者在位，聲利富貴之間互相攘奪，而爲側目相視、交互相讒乃其常態，蚩蚩之民何嘗有此就使不勝其勞而起謗怨？止是同辭歸怨於上，而爲蹙頞相告而已。自相謗怨，無此事理。又況「民乃作慝」一句，既有民字別其文勢，則上句「睊睊胥讒」非民明矣。又訓讒爲謗，亦似未當。讒之與謗，雖皆務爲發人過惡，要之自是兩事。謗則揚人之所有；讒乃構人之所無。謗，每成於下怨；讒，必因其上疑。謗宜多黨，讒喜獨行。謗爲顯毁，讒主暗傷。其爲兩事甚明，合而爲一，未見其是。以慝爲怨亦非。

惟君所行也。○註：言先王之法，今時之弊，二者惟在君所行耳。此謂晏子欲使景公自擇可否而行也，是豈人臣忠諫之道哉？上句既言先王無流連荒亡之事，便是直欲景公亦不爲此，豈有任其自擇之意？惟君所行一句，蓋言君欲爲此，則是先王所不爲者，惟君行之也。下文「畜君何尤」止爲此句言直有犯，故特明其畜止君欲非爲過也。信如註文所説，既無犯顔可尤之言，則「尤」字之義定指何事而言也？

畜君何尤。○註：尤，過也。言晏子能畜止其君之欲，宜爲君之所尤，然其心則何過哉？

能字意悖，既能畜止君欲，如何却宜爲君所尤？已稱其能，又言心何過哉？上下語脉都不相應，必須先有可尤之言，然後明其心本無過，語意乃圓。宜云：此以晏子惟君所行之言切直有犯，宜爲君之所尤，然其心則何過哉？與前註之誤可兼通矣。

所謂故國者，非謂有喬木之謂也，有世臣之謂也。王無親臣矣。○註：世臣，累世勳舊之臣，與國同休戚者也。親臣，君所親信之臣，與君同休戚者也。

世臣、親臣分爲兩意，文辭義理，俱不可通。名雖有二，其實一也。然須説世臣在宣王之後，則當時親臣便是後來世臣之祖，所謂一也。若説世臣在宣王之前，以爲祖宗以來勳舊之臣，與宣王時親臣不得不分。註文正指祖宗以來勳舊而言，故與親臣分之爲二。準此以觀經文，説世臣處，止是「有世臣之謂也」一句而已，下句却便别説親臣。世臣之説，下無結意；親臣之説，上無來意。自此而下，不復有關世臣之意，孟子之言，何其首尾不相照管而無倫序如此邪？

所謂世臣與國同休戚，親臣與君同休戚者，蓋是世臣不必忠於君，親臣不必忠於國，此又迂曲甚矣！豈有忠於國而遺其君，忠於君而遺其國者哉？况親臣止同其君一身休戚，國之休戚略不關心，乃是姦回諛佞之人，所謂「事是君，則爲容悦者」也。孟子何必諄諄然專勸宣王畜養此輩邪？

解經者須要先識主意，然後解其文辭，則不亂矣。此章主意，本爲宣王薄遇臣下、輕用誅黜而言，故國、世臣，乃是推明後事以警宣王，非有關於既往也。所謂「故國者，有世臣之謂也」者，言其世祚長遠而爲故國者，由其有親信大臣，子孫相繼、世爲輔弼之臣也。「王無親臣」者，言王用人不擇賢否，輕爲黜退，果於誅殺，昨者進用之人，今皆不知其何故而不在，所以人心不固，而無親信可爲世世輔弼之臣也。後乃歷言國人皆曰賢、皆曰不可、皆曰可殺，察見其實然後用之、去之、殺之者，皆所以教宣王改其素習，慎用誅黜，愛養賢能，與相親厚以收將來世臣之用，則社稷永安而爲故國，如此然後可以爲民父母也。

昔者所進，今日不知其亡也。○註：昨日所進用之人，今日有亡去而不知者。

國君進用，使居顯位，有官守職事之人，一旦挈家亡去，恐無朝廷不知之理。此章大意說已在前。亡，不在也。蓋言進用之人，動遭誅黜，今皆不知何故而不存在也。

今有璞玉於此，雖萬鎰○註：鎰，二十兩也。

國語以二十四兩爲鎰，先儒皆宗其說，趙岐註中惟見解此鎰字爲二十兩。孫奭正義已嘗引國語及鄭玄之說以正之，謂趙註誤爲二十兩。予謂孫奭正其二十兩之差是也，謂此爲趙註之誤，却爲未當。後篇「王餽兼金一百而不受」，趙岐註云：一百，百鎰也，一鎰二十四兩也。以此證之，二十兩非趙註之誤，乃後人傳寫之差，二十下，脱一「四」字耳。

註文不取二十四兩與衆同者，而乃專取二十兩與衆異者，不知何謂。說者又多以萬鎰爲璞玉斤兩之數，是亦不然。萬鎰之重，計該一萬五千斤，未聞璞玉能有如此之大者也。趙註以爲言其衆多，蓋謂以衆多之玉積累至萬鎰之重也。此說更無斟量，且其衆玉相雜，大小必不能齊，或斤或兩，湊合成一萬五千斤之重，計其箇數之多，將有三五萬數。孟子以璞玉爲一國之諭，但指一玉而言足矣，安用如許之多邪？鎰字，雖以斤兩數目爲義，亦只是金之兩數。玉之良否，不在斤兩輕重。鎰，非玉之斤兩之數也。萬鎰，乃是玉之價直，其價可直萬鎰之金也。

必使玉人雕琢之。○註：玉人，玉工也。不敢自治而付之能者，愛之甚也。

不敢自治，乃是自能琢玉、但不敢耳，凡其有玉付之玉工者，豈皆自能雕琢玉哉？玉之主人，但能與玉工一同詮量，度其玉材作何器物，如此而已，至於琢磨雕鏤，手效其成，則在匠者。蓋所以諭其君人之道，理當務在任賢而已，非謂不敢自爲也。

若大旱之望雲霓也。○註：霓，虹也，雲合則雨，虹見則止。

虹霓，晚見於東則晴，早見於西則雨，此世俗之所共知者。詩云：「朝隮於西，崇朝其雨。」然則虹不專主於止雨也甚明。果虹霓專爲止雨之物，大旱之際，何苦望於此哉！

后來其蘇。○註：蘇，復生也，他國之民皆以湯爲我君，而待其來，使己得蘇息也。

蘇與穌通用，穌有三訓：息也，舒悦也，死而更生也。息者，疲困而得休息，所謂蘇息也。更生者，既死而再生，所謂復生也。既言復生，又言蘇息，義不一矣。平易言之，兩義中蘇息爲是。

不誅，則疾視其長上之死而不救。○註：民怨其上，故疾視其死而不救也。

穆公既知民怨其上，必須審察致怨之由，罪其有司之弛慢殘下也。今穆公略不言有司之過，專欲誅殺其民者，蓋由不知民之平昔所畜之怨也。孟子正爲穆公不知故告之，如此，註文不當以「疾」字歸之於民，乃是穆公疾惡其民之薄於上也。南軒曰：「鄒穆公疾民視其長上之死而不救。」此爲得之。

與民守之，效死而民弗去。○註：國君死社稷，故致死以守國。至於民亦爲之死守而不去，則非有以深得其心者不能也。

民亦爲之死守之説，言其既往之驗則可，孟子本教滕文公方來之事，豈可便以此語許之邪？況效死守國，止當責在文公。經言效死而民弗去，其責之之辭，不在文公却專在民。且孟子方與文公對語，而曰「民弗去」者，不知此語却與何人酬荅也。民字本衍，宜準下章「效死勿去」爲正。

行或使之，止或尼之。○註：言人之行，必有人使之者。其止，必有人尼之者。然其所以行所以止，則固有天命，而非此人所能，使亦非此人所能尼也。然則我之不遇，豈臧倉之所能爲也？

諦觀人之行止，亦有非人使而自行，非人尼而自止者。其間蓋有事物使然，非皆必在於人，人亦在其中矣。事物所使，事物所尼，皆天也。説者宜云：人之行，必有事物使之者，其止必有事物尼之者。然其所以行所以止，固有天命，而皆非人自能也，我之不遇魯侯，豈臧倉之所能爲哉？

行止，非人所能也。○註闕。

中原古註本：「行止，非人之所能也」，有「之」字則文備。蓋自宋氏南遷之後，南方本傳寫之差耳。

四書辨疑卷十　孟子

公孫丑上

曰：「管仲，曾西之所不爲也。」〇註：曰，孟子言也。

自「子誠齊人也」下，連此句，皆孟子之言，此處不當又有孟子發語之辭，「曰」本衍字無疑。

地不改辟矣，民不改聚矣。〇註闕。

「改」字，學者各以意説，未有定論。改，改變也，蓋言田野開闢、民人生聚，與夏后、殷、周盛時無異，地今不改變三代盛時之開闢，民今不改變三代盛時之生聚也。

速於置郵而傳命。○註：置，驛也。郵，馹也。

篇、韻諸説，「驛」皆訓驛馬，「馹」皆訓驛傳。驛馬、驛傳，義本不殊，驛傳亦驛馬也。今以置爲驛、郵爲馹，置、郵二字，皆爲驛馬。置郵傳命，乃是驛馬驛馬傳命，不成文理。况玉篇网部諸字，凡從四者，皆是止而不動之義，與「驛」「馹」等字從馬而義主馳驅者不同。南北玉篇、江南廣韻，「置」字止訓安置、設立。嘗見漢書中有訓驛處，然於事多難合。中原廣韻、韻略與毛晃韻略俱兼訓驛，蓋以漢書爲據也。毛晃云：「漢書烏孫傳『有便宜，因騎置以聞』，師古曰『即今驛馬也』，此以騎、置二字一衮説爲驛馬，義已不明，又國家設置驛馬通報遠近事情、邊方奏事，理合乘騎，何必更言因驛馬以聞邪？觀因字之意，若指朝廷使者而言，有便宜因其使者以聞於上，則可説也。」然以騎置爲使者稱呼，亦無可據，不知何謂。毛氏又釋傳字云：「古者以車駕馬，乘詣京師，謂之傳車」，又云：「凡四馬高足者爲置傳，中足者爲馳傳，下足者爲乘傳」，此蓋以置傳爲驛傳意，又指置爲驛也。夫所謂驛傳者，乃其驛馬、傳車、諸傳之總稱也。今單指置傳爲驛傳，其言馳傳、乘傳者遂不謂之驛傳乎？以此觀毛氏所引諸置字義皆不安。况置郵之置，既有郵字相配爲言，與漢書中置字又難同論，惟從玉篇及江南廣韻之訓爲是。

郵字又未嘗有訓馹者，字既從邑，乃其停止人之處所也。江南廣韻、中原韻略皆訓境上舍。中原廣韻、毛晃韻略、南北玉篇皆訓境上行書舍。此訓爲近。郵只是傳舍，廣韻釋傳字云郵馬曰傳，此以郵爲驛傳之舍也。今之傳舍曰舘驛，亦曰馬站，又曰馬鋪，步遞之舍曰急遞鋪。中原多事之際，至曾三十里置一馬鋪，急遞鋪大槩十里一鋪爲常，道路相望，通謂之郵亭。然急遞鋪始於近代，孟子時猶未有也。「速於置郵而傳命」，置止是設置，郵乃傳舍驛郵也，蓋言德之流行，速於設置驛郵，以傳朝廷之命令也。

我四十不動心。〇註：四十彊仕，君子道明德立之時。孔子四十而不惑，亦不動心之謂。

果如此說，聖賢之不動心，必須四十然後能之。顔淵猶爲未能也。告子之不動心既先於孟子，則是在四十以前，此又當作何説也？四十彊而仕，止是言其年方彊壯可以入仕之時耳，道明德立，能不動心，非皆必在此時也。孔子自言三十而立，乃是心已立定，不動之道已了，非直事事不惑然後爲不動也。「我四十不動心」，本言自己實然之事，非指年例而言也。此句經文本不須用註。

不動心有道乎？○註：程子曰：「心有主，則能不動矣。」

孟子言不動心，自有許多話説，非只「心有主」三字能盡。況人心所主，有善有不善，若其心主於不善，豈有不動之理？此處止是公孫丑所問之言，説者但當解其本文不動心之道，且合儘與孟子説。

孟施舍。○註：孟，姓。施，發語聲。舍，名也。

此説本因「舍豈能爲必勝」之語單稱舍字，故以施爲發語聲也。然於姓與名中間插一字爲發語聲，不成語矣。語録指舟之僑、孟之反、尹公之他之「之」字爲例，亦恐未當。

近世如顔之推、宋之問之徒，用之字爲名、爲字者多矣，之僑、之反之類，正與此同。之雖助辭，亦不可於姓名中間作發語讀，况施字乎！惟以施舍爲名，則不牽强。「舍豈能爲必勝哉」，舍字上本合有施字，蓋傳寫之脱漏也。

雖褐寬博，吾不惴焉。○註：惴，恐懼之也。

舊註解惴爲小懼，今言恐懼之，皆未免爲牽强。詩云「惴惴其慄」，惴止是畏懼之意，準此解爲雖褐寬博吾不畏焉，亦不可通。王滹南謂「不」字有誤，予因疑爲「亦」字，蓋言「自反而不直，雖褐寬博，吾亦畏之」也。

不得於言，勿求於心；不得於心，勿求於氣。○註：告子謂於言有所不達，則當舍置其言，而不必反求其理於心；於心有所不安，則當力制其心，而不必更求其助於氣。

不得，不得於理也。言有所不達，心有所不安，是皆不得理而然也。舍置不達之言，正是心從理之功；力制不安之心，正是氣爲助之驗。舍置便是心，力制便是氣。不求理於心，豈能舍置；不求助於氣，如何力制？既言舍置其言，却説不必求其理於心；既言力制其心，却説不必求其助於氣，豈不悖哉？

「不得於言，勿求於心」，蓋謂言有不得於理，事已發見於外，不可求其理於心，改其已然之失，改則動其心矣；「不得於心，勿求於氣」，蓋謂心有不得於理，事未發見於外，不可求其助於氣，成其未然之非，成則亦動其心矣。告子之不動心用此道也，故孟子言不得於心，勿求於氣，而不助成心之非，可也；不得於言，勿求於心，而不改其言之失，不可也。心之非不可助，言之失必當改，心與言皆合義，然後可以不動矣。

夫志至焉，氣次焉。○註：若論其極，則志固心之所之，而爲氣之將帥；然氣亦人之所以充滿於身，而爲志之卒徒者也。故志固爲至極，而氣即次之。

此以至爲極，就其極字爲説也，然極字地位，非志之所宜居也。志雖氣之將帥，義又志之君主也，若志不遵義，自處其極，出入專恣，帥氣而行，未有所行不亂能使其心自然不動者也。至字止當訓至到之「至」。南軒曰：「志之所至，氣次之而至。」此説爲當。

持其志，無暴其氣。〇註：人固當敬守，其志然亦不可不致養其氣。蓋其内外本末，交相培養。此則孟子之心所以未嘗必其不動，而自然不動之大略也。

註文只是朦朧説過，終未嘗明其如何爲持其志、如何爲無暴其氣。中間節制其宜者，果何物也？夫志不當使之自專以妄動，遵義而動皆合宜，是之謂持其志也；氣不可使之自恣而妄發，循理而發皆中節，是之謂無暴其氣也。節制者惟義而已，此其内外本末，交相培養之道也。

志壹則動氣，氣壹則動志也。今夫蹶者趨者，是氣也，而反動其心。〇註：壹，專一也。蹶，顛躓也。趨，走也。孟子言志之所向專一，則氣固從之；然氣之所在專一，則志亦反爲之動。如人顛躓趨走，則氣專在是而反動其心焉。所以既持其志，而又必無暴其氣也。

壹雖訓專，乃專輒自用之意。動者，鵖鼿〔一〕不安之意。蓋志與氣，皆不可自有所專，俱當聽命於義。志則秉義命以帥其氣；氣則承志之所至，次之以接於物，則内外相應，

〔一〕鵖鼿，即臲卼，音niè wù。

發皆中節，各不違宜，無所虧失。故氣充而無餒，心安而不動也。若志不遵義而專壹自恣，所行既亂氣，必不得自寧；氣不循理而專壹自恣，所行既亂志，亦不能自靖。故曰「志壹則動氣，氣壹則動志也」。至於顛躓趨走之際，氣又非專在是也。正由素無所養，不能順序循理，而輕率妄發，故其舉錯失常，以至於此，既已顛躓，其氣愈亂，氣亂則心自不安也。

我知言。〇註：知言者，盡心知性，於凡天下之言，無不有以究極其理，而識其是非得失之所以然也。

雖能究知天下之言，識其是非得失，而於己之行事却不相關，未見心之不動之理。蓋知言者，知其言之詖淫邪遁之病，不使有之於己，則言公事直心無愧怍而不動矣。

其爲氣也，配義與道；無是，餒也。〇註：配者，合而有助之意。義者，人心之裁制。道者，天理之自然。言人能養成此氣，則其氣合乎義道而爲之助，使其行之勇決，無所疑憚；若無此氣，則其一時所爲雖未必不出於道義，則亦不免於疑懼，而不足以有爲矣。

浩然之氣，集義所生。須有是義，則有是氣；若無是義，則無是氣。但見氣須以義爲主，未見義須以氣爲助。配有助之意，此過論也。所謂「若無此氣，則其一時所爲雖未必不出於道義，則亦不免於疑懼，而不足以有爲」者，此論窒礙尤多。果無此氣則其義已不存，如何所爲却出於道義？所爲果出於道義，則其自反而縮，雖千萬人往矣，又豈有疑懼不足有爲者哉？一時所爲，暫行遽止，有始無終，止是專以顧護私欲而已，便謂出於道義，恐亦未當。

夫道本無物可指，統而言之，乃其事物相交所由道路之總稱。義乃道中之物也，分而言之，事事物物各有其道，義亦自有義之道，若以道義兼言則可，義與道對言則不可。經言「配義與道」，「與」字界在義道之間，乃是配義而又配道，義與道何可分邪？註文分義爲人心之裁制，分道爲天理之自然，此又不察。義亦無非天理之自然，與道亦無可分之理也。然其「氣合乎道義」之一句中撤去「與」字不用，而以義道兼言，亦由見「與」字有窒故也。又觀前後經文，前言以直養而無害，後言是集義所生，皆説以義養氣之事，惟此中間一節，却説氣助義道，與前後意義亦不相合。配止當訓合，與當作爲，「其爲氣也，配義爲道；無是，餒也」。如此讀之，義乃可通，恐經文「與」字爲誤，不然終無可通之理。

必有事焉而勿正，心勿忘，勿助長也。○註：必有事焉而勿正，趙氏、程子以七字爲句，近世或并下文心字讀之者亦通。必有事焉，有所事也。如「有事於顓臾」之有事。正，預期也。春秋傳曰：「戰不正勝」，是也。如作正心義亦同此。與大學之所謂正心者，語意自不同也。此言養氣者，必以集義爲事，而勿預期其效。其或未充，則但當勿忘其所有事，而不可作爲以助其長，乃集義養氣之節度也。

若依近世之説，改心字屬上文，「勿正心」三字不成文理。王滹南曰：「或以心字屬上句，或以屬下句，以文勢觀之，語皆不安。中間或有脱誤，未可爲斷然之説也。」此論甚善。「勿正」「勿忘」之間難容更有「心」字，「勿忘」上只當有一「亦」字，「心」字蓋亦字之誤。

註文解正字爲預期，語録曰：「正，則有所待，蓋必之之意。」既以正爲期待，又以期待爲必之之意，遷就甚矣。必、期二字，義實不同。必是必定不移之意，期是期望未定之意，如言期於必取、期於必得，須有必字，乃爲定意。單用期字與必同説，非也。「戰不正勝」若解爲戰不期勝，連春秋傳也説不通。正勝，乃必勝之意。如楚子玉所謂：「今日必無晉矣」者是也。不正勝者，謂其不可有凖定必勝之意也，至於期望之心，何可無也？孔子行三軍，亦必好謀而成者，是與未嘗不望有成也？由是言之，以正爲期誤亦明矣。

註又言養氣者必以集義爲事，乃是專爲養氣而集義也。君子行義，知此義爲己所當爲而爲之，日往月來，義乃自集，以漸至於事皆合宜，則俯仰無所愧怍，浩然之氣自成。義不可有意於集，氣不可專意於養，惟能真實行義，則義自有集，氣自有養，是之謂善養氣者也。彼專爲養氣而集義者，其心本不在義，特欲假此義爲養氣之資，所集之義非真實之義也。義既無實氣，亦豈能浩然哉？

又解勿正爲勿預期其效，正不可爲期，辨已在前。既以集義爲事，卻〔一〕不期望其成效，世間豈有爲其事而不望其事之成者乎？又解勿忘爲勿忘其所有事，勿助長爲不可作爲，

〔一〕卻，本作郤，當刻寫之誤。

不知所有事果是何事、作爲果是如何作爲？皆不可曉。

「必有事焉而勿正，亦勿忘，勿助長也」者，事指義所成之事功而言。蓋言行義則必有所成之事功在焉，然其心當正在行義，不可正在事功，亦不可忘此事功於氣無所顧藉，又不可欲其事功之速成，急假無實之義以張其氣，如助苗之長也。義，根本也。氣，枝葉也。義實則氣充，義虚則氣餒。假虚義以張其氣，是猶拔根本以長枝葉也，根本拔則枝葉槁矣。故曰：「非徒無益，而又害之也。」予嘗推衍此論，義極該廣，非但養氣而已，凡其己所當爲之善爲之，於己皆有及物之事功隨之。明明德，則有新民之事功隨之；正心修身則有治國平天下之事功隨之。然其心當正在明己、明德、正心修身，不當正在新民、治國、平天下之事功，亦不當忘此事功而無及物之心也。正，便有助長之意。勿正，則自不至於助長矣。前古聖賢，凡説道義必與成物之事功兼言。「君子篤於親」，其下便説「民興於仁」；「慎終追遠」，其下便説「民德歸厚」；「人人親其親，長其長」，其下便説「天下平」，如此之類，不能徧舉。其心雖不正在事功，亦未嘗忘其事功也。董仲舒言「明其道不計其功」，此乃勿正而忘之也。惟孟子勿正勿忘之言，妙盡其理，非後人所能及也。

此一節與上段文不相接，「必有事焉」上疑有脱簡，今不可考。

曰：「我於辭命則不能也。」然則夫子既聖矣乎？○註：公孫丑言數子各有所長，而孔子兼之，然猶自謂不能於辭命。今孟子乃自謂我能知言，又善養氣，則是兼言語德行而有之，然則豈不既聖矣乎？

孟子本言「我知言」，非謂我能言也。今因「我知言」之一語，遂以爲兼言語而有之，非也。此段疑有闕文，不可强解。

人皆有不忍人之心。○註：天地以生物爲心，而所生之物因各得夫天地生物之心以爲心，所以人皆有不忍人之心也。

若言所生之物各得天地生物之心以爲心，則犬豕馬牛虎狼蛇蠍皆當有不忍之心，此物何嘗有此哉？孟子止言人能如此，非謂物物皆然也。人皆有不忍人之心，下文既有「乍見孺子將入於井」之説，註文於此未宜多論。

惻隱之心，仁之端也；羞惡之心，義之端也；辭讓之心，禮之端也；是非之心，智之端也。○註：惻隱、羞惡、辭讓、是非，情也。仁、義、禮、智，性也。

端，端緒也。絲之端緒即絲也；麻之端緒即麻也；仁之端便是仁；義之端便是義。今乃分仁、義、禮、智爲性；分仁、義、禮、智之端惻隱、羞惡、辭讓、是非之心爲情，豈有一體而爲兩物者哉？語録論「乃若其情，則可以爲善矣」，與此説互相首尾，亦以四端爲情，又説情既發，則有善、不善，蓋不知惻隱、羞惡、辭讓、是非之心，未嘗涉於不善也？情有善、不善，若指喜怒哀懼愛惡欲七情而言則可，歸之四端則不可。四端本只是仁、義、禮、智，不可別指爲情也。後篇「惻隱之心，仁也；羞惡之心，義也；恭敬之心，禮也；是非之心，智也」，有此明文，豈容別議。

莫之禦而不仁，是不智也。○註：仁道之大如此，而自不爲之，豈非不智之甚乎？

「莫之禦」三字，註文無明説。禦，止遏之也。蓋言爲仁由己，莫之或有止遏之者，而自不爲之，是不智也。此與謂夫「莫之禁而弗爲」者語意相類。

取諸人以爲善，是與人爲善者也。○註：與，猶許也，助也。取彼之善而爲之於我，則彼益勸於爲善矣。

此説過於用巧而失之狹。其功止可及於知識之間而已，不識不知者所遺多矣，恐非孟子贊稱舜德之本指也。若只言與人同爲善，則理平意足，氣象又廣大，亦甚自然。夫與人同爲善，誠難事也，苟非大中至正之人，莫有能者。竊嘗驗之天下之人，見人有技，媢嫉憎惡，違之使不通、擠之使不保，如此以便己私者比比皆然。誠能克去己私，以至公無我爲心，人之有技若己有之，人之彥聖，其心好之，夫然後可以與人同爲善矣。視其規規然取彼之善爲之於己，以勸彼善者，相去豈不甚遠哉？南軒曰：「取諸人，是與人同爲善也」，此最本分。

孟子曰：「伯夷隘，柳下惠不恭。」○註闕。

「孟子曰」，衍文。

公孫丑下

天時不如地利。○註：天時，謂時日支干、孤虛、王相之屬也。

近世以時日支干，湊爲動作吉凶之説者，不可勝數，皆上古所未有也。以此爲天時，恐非賢哲所宜談者。至若彼邦離叛、此國輯睦，彼歲饑饉、此年豐熟，彼軍疾疫、此衆康寧，又如舟師遇春水、騎兵得秋風、涉險而無雨雪、襲擊而逢陰晦，敵國之所謂天時者，皆此類也。南軒曰：「用兵乘機，得其時也。」

夫環而攻之，必有得天時者矣；然而不勝者，是天時不如地利也。○註：言四面攻圍，曠日持久，必有值天時之善者。

曠日持久，乃是地利之功，不可與四面攻圍一衮解爲天時之善也。説者宜云：四面攻圍，必有值天時之善者，然而曠日持久，師老卒憧而不能勝者，由其城池險固，易守難攻，是爲天時不如地利也。

域民不以封疆之界。○註：域，界限也。

註與經文通讀，則是界限民不以封疆之界，「界」字重複，不成文理。「域」與下句「固」字、「威」字相對爲文，皆是動作，從己字樣。「域」惟訓處爲是，蓋言聚處其民，不必以封疆之界限禁之也。

是或一道也。○註：是或别有一種道理。

「是或别有一種道理」，此是猜想揣度之言。曾子既言我以吾仁、我以吾義，則所指之道亦已明矣，孟子之言不應如此猜度也。蓋言曾子所言非不義也，今我此事，亦或與曾子所言，同是一箇道理也。故繼言「天下有達尊三」，蓋以齊王之爵，比晉、楚之富貴；己之齒、德，比曾子之仁義，所以明其一道之無異也。或者，謙遜之意，蓋不欲直比曾子也。

子之持戟之士，一日而三失伍，則去之否乎？○註：去之，殺之也。

若以殺之爲問「子之失伍也亦多矣」，乃是指孔距心亦可殺之也，孟子之言何其踈戇如是邪？前篇「見不可焉，然後去之」「見可殺焉，然後殺之」，去與殺自有分別，去之，止是逐去，不用非殺之也。

不得，不可以爲悦；無財，不可以爲悦。得之爲有財。○註：「不得」，謂法制所不當得。「得之爲有財」，言得之而又爲有財也。或曰：「爲當作而。」

不得之意，止是謂其無財，非有關於法制也。經既明言「自天子達於庶人」，豈有不當得之法制哉？註文爲見兩言「不可以爲悦」，疑其重複，故以法制之説與無財分之爲二也。試於常話中體認語意類此者，每每有之，雖兩言之，而無財一句乃是故重前句，自解其不得之由耳。先言不得不可以爲悦，後乃再言只是無財，故不可以爲悦也，後又總言得之爲有財，則其自解不得之意止在於無財，豈不甚明？不可於經文之外增加法制爲説也。註又解「得之爲有財」，引或曰之説改「爲」字爲「而」字，讀經文爲「得之而有財」，則益牽強，不成文理矣。

且比化者，無使土親膚，於人心獨無恔乎？○註：比，必二反。比，猶爲也。化者，死者也。恔，快也。言爲死者不使土親近其肌膚，於人子之心，豈不快然無所恨乎？

棺槨爲死者護其肌膚，雖愚夫愚婦共皆知之，孟子何必諄諄言此邪？充虞本以「木若以美然」爲問，孟子所荅之言，必須説出棺槨敦厚，欲其耐久，不致速有朽壞之意，則與元問相合。而註文但説設置棺槨之常意，於木之美惡厚薄略不相關，則是未嘗荅其所問也。是豈經之本意哉？舊説棺槨敦厚，比親體之變化，無令土親膚。南軒曰：「比及其化，不使土親其膚。」二家之解，雖其文有小異，大意則同。皆以「比」爲比及，「化」爲變化，其理誠是，然於上下之文猶未盡通也。且，姑且也。者字，乃普該衆人之辭。蓋言七寸棺槨，自古以來人皆用之，雖共知其親之體終皆不免朽壞，且於比變化者，不使土近其肌膚，於人爲子之心，誰獨無此快悦乎？

吾聞之也：君子不以天下儉其親。○註：送終之禮，所當得爲而不自盡，是爲天下愛惜此物，而薄於吾親也。

人有吝物之心，亦皆止是爲己。今言爲天下愛惜此物，不知持此物於天下與誰也？又況一人送終之物，大都幾何而爲天下愛惜邪？奪之於其親，施之於天下，不惟君子不爲，雖小人亦無此事。不以天下儉其親，蓋言君子作事立法，不欲使天下之人儉薄於其親也。

有仕於此，而子悅之，不告於王而私與之吾子之祿爵；夫士也，亦無王命。○註：仕，爲官也。士，即從仕之人也。

從仕，爲官也；士，乃未爲官者也。解士爲從仕之人，誤矣。經中觀亦字文勢，仕、士本是一箇字，仕當作士，傳寫之差也。

季孫曰：「異哉子叔疑！」○註：季孫、子叔疑，不知何時人。蓋子叔疑者嘗不用，而使其子弟爲卿。

季孫譏其既不得於此，而又欲求得於彼。

舊註以季孫、子叔爲孟子弟子。季孫不喜孟子之意，故言異哉、子叔亦疑之。今以子叔疑三字爲一人，亦無考據。子叔疑，既已不用，却得使其子與弟並爲卿相，此又不可曉也。大抵此章自「季孫曰」之下，文多未詳，不可強解。

泄柳、申詳，無人乎繆公之側，則不能安其身。○註：泄柳、申詳，繆公尊之不如子思。然二子義不苟容，非有賢者在其君之左右維持調護之，則亦不能安其身矣。

義不苟容者，道合則留，不合則去。二子在魯，君則不顧於己，己則盼盼然望人於君之左右維持調護，求區區一身之安，此非苟容而何？此段經文本與上文繆公尊禮子思之說相對爲言，上文註云「繆公尊禮子思，常使人候伺道達誠意於其側，乃能安而留之也」。此說誠是。所謂候伺者，候伺子思之顔情也。準此以解本段之義，泄柳、申詳亦是常使人候伺繆公顔情，道達誠意於其側以安其身也，然則人君以此禮賢則可，人臣以此事君則不可。註文亦是見此一節，義有不安，故宛轉其意，特加「賢者」二字指君側之人爲賢人，以成二子義不苟容之説。然經中本無賢字意脉，彼其在君之側，候伺顔情道達人之誠意通布腹心者，蓋亦只是左右親信、與人媒合就事之人，非皆可謂賢者也。夫中正特立之士，雖因賢者薦達，至於行事之際，可否進退，有義存焉，亦不直須常有賢者維持調護，恃以爲安也。

况泄柳又非中行之士，推閉門不内之心，乃其狷介之有甚焉者也。君自造門，欲就見之猶不可得，豈有望其君側之人維持調護之理？又以一章之文勢言之，至其結意處，止言慮而不及子思，於泄柳、申詳未嘗再有干涉，亦難通解。竊嘗撤去「泄柳」以下十七字讀之：昔者魯繆公無人乎子思之側，則不能安子思，子爲長者慮，而不及子思。如此則語意通順而無疐礙，十七字義實未詳。

王庶幾改之。○註：所改必指一事而言，然今不可考矣。

孟子去齊，蓋爲道之不行，非由一二事，偶不如意，悻悻然去之也。若專望齊王止改一事，意亦狹矣。「王庶幾改之」者，普言王之素習，果能悛改而有自新之志，猶可足用爲善也。其所以責望於王者大矣，不可單指一事而言也。

王由足用爲善。○註：楊氏曰：「齊王天資朴實，如好勇、好貨、好色、好世俗之樂，皆以直告而不隱於孟子，故足以爲善。」

直告不隱，固爲朴實，只朴實亦恐未至於「足用爲善」也，况好勇、好貨、好色、好世俗之樂，有因不得已而言者，有因慚怒而言者，意皆自謂不能行先王之道，此不幾於自暴自棄乎？指「此」爲足用爲善，義無可取。孟子平昔許齊宣王之意，惟在不殺觳觫之牛，所謂「是心足以王矣」者是也，「足用爲善意」正在此，非指朴實而言也。

吾何爲不豫哉？○註：孟子雖若有不豫然者，而實未嘗不豫也。

上文「彼一時，此一時」之語，正是自明其不豫之心，在此時不得不有也。今言實未嘗不豫，於經文前後意已差別，而註文兩句，又自有窒。果以實未嘗不豫爲真，則其雖若有不豫然者爲假矣。假者固不必論，而真者於理亦非也。見天下無有治期，生民困於虐政，而恬然不以爲意，仁人之心固如是乎？觀孟子「夫天，未欲平治天下」之言，乃是憂先王之道不行，生民之困無已，不豫之心蓋爲此也。「吾何爲不豫哉」，爲當讀爲去聲，言我之不豫正爲此耳，我爲何事不豫哉，言其非爲己也。

四書辨疑卷十一　孟子

滕文公上

周公豈欺我哉？ ○註：文王我師也，蓋周公之言。公明儀亦以文王爲必可師，故誦周公之言，而歎其不我欺也。

文王，大聖人，古今皆師宗之，以公明儀之賢，豈不知此，何須直至聞周公之言，方才亦以文王爲必可師也？歷觀成覸、顔淵之言，皆是勇於爲善、當仁不讓之義，至公明儀則誦周公、稱文王我師之言，歎周公之不我欺，不惟無甚意味，與前二家氣象亦不同矣。「文王我師也」，此本公明儀之言，歎猶輕易也。蓋言文王我既所師，不違其道，雖周公亦豈能輕易我哉？則與「我丈夫」「予何人」之意氣相類。

曾子曰：「生，事之以禮；死，葬之以禮，祭之以禮，可謂孝矣。」○註：但所引曾子之言，本孔子告樊遲者，豈曾子嘗誦之以告其門人歟？

曾子便曾誦之以告門人，所誦者亦只是孔子之言，終不可以曾子曰爲是也，「曾子曰」與「孔子曰」只争一字之差，「曾」字本是「孔」字，蓋後人傳寫之誤。

吾宗國魯先君莫之行○註：滕與魯俱文王之後，而魯祖周公爲長。兄弟宗之，故滕謂魯爲宗國也。

宗枝、宗派、宗屬、宗人，皆同姓稱呼之常語。如「周之宗盟，異姓爲後」「晉吾宗也」「宗婦覿用幣」之類，皆其同姓稱宗之明例。滕謂魯爲宗國，亦此例也，「兄弟宗之」之説，似爲過論。

曰：「吾有所受之也。」○註：蓋上世以來，有所傳受。雖或不同，不可改也。

註文猶以此句爲父兄百官之言也，若準此説，當須删去「吾」字上「曰」字，下句「謂」字上却添「世子」二字，然後可通。不然，則「曰」與前「曰」字重複，謂然友之語又與上文相混，不知何人所言，前後交互不可曉矣。觀其文勢，彼父兄百官之言，至「喪祭從先祖」句終盡矣，自「曰」字以下，皆世子之言，故「謂」字上不須再稱世子也。「吾有所受之也」，此世子荅衆人之語也。所受，有受於孟子也，既荅之，又謂然友使復之鄒以問孟子也。

父兄百官不我足也。〇註：不我足，謂不以我滿足其意也。

註文不明，所謂其意者，恐是指父兄百官之意也。敘此以解，下句乃是文公自謂恐其不能盡於大事也，若此者，豈非陰從百官以阻孟子之意乎？孟子素知言，宜當察見此心已入於自暴自棄之境，雖不荅所問可也。今乃諄諄然加意以告之，乃是知文公有志於肯爲，可與言而言之也。蓋「不我足」者，以我爲不足也，父兄百官以我馳馬試劍，素無謹行，不足以遵守禮制，彼皆爲此，恐其不能盡於大事也，使然友以此往問者，蓋欲孟子知其衆所沮撓之本情，然後有以處之也。

百官族人，可謂曰知。〇註：可謂曰知，疑有闕誤。或曰：「皆謂世子之知禮也。」

註文所疑者兩事，一疑有闕，一疑有誤。謂有誤者，爲是經中「可」字有窒或曰之說，易「可」爲「皆」，此甚有理。然又改「知」字爲平聲，却爲未當，「知」字既爲平聲，而在一句之末，其下别無字意可説，「百官族人，皆謂曰知」，不知「知」爲知甚也？皆謂世子知禮，禮字乃贅文耳。「知」止當音智，世子排衆議以遵孟子之言，守先王之禮，確乎其不可拔，苟非智識高遠者定不能也。「百官族人，皆謂曰智。」前後義皆通貫。

夏后氏五十而貢，殷人七十而助，周人百畝而徹，其實皆什一也。〇註：夏時一夫受田五十畝，計其五畝之入以爲貢。商人始爲井田之制，以六百三十畝之地，畫爲九區，區七十畝。中爲公田，其外八家各授一區，但借其力以助耕公田。又云貢法固以十分之一爲常數，惟助法乃是九一，而商制不可考。周制則公田百畝，中以二十畝爲廬舍，一夫所耕公田實計十畝。通私田百畝，爲十一分而取其一。竊料商制亦當似此，而以十四畝爲廬舍，一夫實耕公田七畝，是亦不過什一也。

此説既多與經相違，又多自相窒礙。若商人始爲井田之制，則夏后氏未有井田也，田既不井，不知貢法如何分晝？商人井田之制既已備説在前，繼而却言商制不可考；前言惟助法乃是九一，後説周制爲十一分取一。「竊料商制亦當似此」，所言前後不一，除貢法之外，皆與什一之數各不相合。論語集註解「盍徹乎」，言周制「大率民得其九，公取其一」。亦與此周制十一分取一之説不同。助法九一之説，想亦别無所據，蓋指後文「請野九一而助」爲言。予於此句竊有疑焉。孟子果謂殷制爲九一，與其皆什一之説，豈不自相乖異邪？當時必是見其事有未能驟改者，故有此請，蓋一時之權宜，非殷人之舊制也。

大抵三代田制，既無明文可考，其詳不可得知。孟子既言「由此觀之，雖周亦助也」，則是當時周制已不能盡得其詳。今又經隔一千七八百年而欲備舉周代以前殷、夏之制，亦徒勞耳。説者但當合其經文什一之數而已。南軒曰：「夏、商、周皆以什一：蓋五十畝者以五畝爲貢，七十畝者以七畝爲助，百畝者以十畝爲徹。」此説本分。

使民盻盻然。○註：盻，五禮切，從目從兮，或音普莧切者，非。盻，恨視也。

註文於此段經中，止是零説字義，未嘗通解所言事理。不知「盻」字之「恨視」，果主何意，恨視何人也？盻有數音：陸德明引説文音五禮切。南北玉篇皆下計、吾計二切。江南廣韻胡計、五計、匹莧三切。中原廣韻五啓、胡計、五計、普患四切。韻略無此字。毛晃韻略二音：其一胡計切，訓恨視；其一匹襇切，與普莧、匹莧、普患切者皆同，音盼。毛氏又與盼字同訓顧視，又釋爲勞苦不休息皃，仍引孟子此語爲據。讀孟子者，惟準此説，讀盻字與盼同音，義乃通順。盻乃盻望也，言其民於力作勞苦之間，盻盻然望其所獲，將至終歲勤動，竟不得以養其父母也。

又稱貸而益之。〇註：稱，舉也。貸，借也。取物於人，而出息以償之也。益之，以足取盈之數也。

若謂舉借於人，以足取盈之數，經文止可言「又稱貸而足之」，益與足，義實不同。益，謂增其餘；足，謂補其闕。今以益之爲足其取盈之數，於文已有如此之差。繼推經文前後所言之事理：上文既言凶歲必取盈焉，使民不得以養其父母，至此，民又舉借以足取盈之數，則是兩番取盈，義不可曉。蓋稱，謂假其名也；貸，謂借其賦也；益，謂增其數也。言於常賦之外，稱爲借貸，重複取之也。近代有以用度不足，於此年賦税既已征足，又指下年者，假稱借貸爲名以征取之；又有别指名項，借征於民，如税舟車間架之類，及和雇、和買竟不給價者。凡如此者，皆於常賦元額數外所增益者，「又稱貸而益之」，皆此類也。

周雖舊邦，其命惟新。○註：周雖后稷以來，舊爲諸侯，其受天命而有天下，則自文王始也。

註文蓋以「惟新」爲文王所受有天下之天命惟新也，若從此説，則下文「亦以新子之國」乃是亦欲滕文公受天新命而有天下也。孟子之言必不輕率如此。「新子之國」一句之上，明有「子力行之」四字，蓋是勸文公力行仁政，如制民恒産、教以人倫之類，用此道以新其國，若事功獲成，則天也。皇天無親，惟德是輔，天命人事未嘗相離。今註文專言天命不及文王之德，理有未盡。詩之本意正是以天命與文王之德，兼言周雖祖宗之舊邦，至文王益修其德，上天佑之，治化大行，民乃丕變，凡其所成，無非天命。「其命惟新」蓋謂此也。不直至於有天下，始爲其命惟新也。

使畢戰問井地。○註：文公因孟子之言，而使畢戰主爲井地之事，故又使之來問其詳。

使畢戰主爲井地之事，經無其文，蓋億度也。向者問爲國，滕文公之親問也，今者問井地，乃是使人來問，本非一時之事。又前段荅文公者，乃是論其取於民之法制、教民人倫之道，此段荅畢戰者，止是説井地一事，前後兩段事各不同。此當自作一章正爲首，初無滕文公三字，以故併而爲一，若以兩次與兩段之事證之，三字乃脱漏無疑。

聞君行仁政。○註：仁政，上章所言井地之法也。

仁政非可枚舉，豈止井地一事而已？况滕文公雖嘗使畢戰問其法於孟子，然亦未聞實曾行之於其國也，許行豈得探先借稱其美哉？渠亦止是總指文公善迹而言也。

有大人之事，有小民之事。○註闕。

上言大人，下言小民，文辭不順。古註本有大人之事，有小人之事，大人與小人對言，是其本文，今本「民」字爲誤。

曾子曰：「不可。江、漢以濯之，秋陽以暴之，皜皜乎不可尚已。」○註：言夫子道德明著，光輝潔白，非有若所能彷彿也。或曰：「此三語者，孟子贊美曾子之辭也。」

三語果爲贊美曾子之辭，則「江」字上當别有孟子發語之文，然又不知所贊者爲何事也，若止爲不可有若之一事，亦不必推稱至此；若謂通贊曾子之道德，而孟子本説子貢諸人追仰孔子，却忽然盛稱曾子之德美，如此可謂語言失序矣。况其所稱非孔子無以當之也，由是言之，只前説爲是。

蓋歸反虆梩而掩之。○註：反，覆也。虆，土籠也。梩，土轝也。於是歸而掩覆其親之尸。

「反」字訓覆，義便難解。此段意有曲折，若初見其尸即便掩覆，宜曰掩覆而歸，不當道「歸而掩覆」也。經既先言歸，後言反虆梩，反字乃賫迴虆梩之謂也。推其始末，初亦只是偶然至其委尸之所，虆梩之器隨身必無，既見其尸，心始不安，思欲掩之，必須歸取其器，賁之反至其處，然後得以掩之也。反虆梩，爲賁迴虆梩亦較然矣。

滕文公下

勇士不忘喪其元。○註：勇士輕生，常念戰鬭而死，喪其首而不顧也。

勇士之志，遇事即奮，不止在於戰鬭也。龍逢、比干雖非戰鬭而死，亦不可謂爲非勇。可以死而死，皆爲勇者之事，不可單言戰鬭也。

以順爲正者，妾婦之道也。○註：女子從人，以順爲正道也，蓋言二子阿諛苟容，竊取權勢，乃妾婦順從之道耳，非丈夫之事也。

彼公孫衍、張儀駕縱横之勢，騁游説之辭，想其精神氣槩，如在眼前，阿諛苟容非其類也。一怒而諸侯懼，安居而天下熄，此衍、儀事狀之本真，比之妾婦之必敬必戒，無違夫子者，氣象不同。孟子荅景春子未知禮乎者，此是鄙衍、儀僭横無禮之主意，蓋人倫綱紀，惟禮維持男爲人臣、女爲人婦，一不循理，即爲人道中罪人，尚何足稱？故舉女子從夫之道以喻爲臣之節，言雖妾婦，猶當以順爲正，不可違禮自恣，而衍、儀挾縱横之術，脅制諸侯，圖取一時富貴，違禮犯義，曾不如妾婦之以順爲正，非言如妾婦之阿諛苟容也。

要其有酒食黍稻者奪之。○註：饋食、酒食之食，音嗣。

食當音蝕，音嗣，非也。論語中有辨，然經中酒食之食字，義不可通。要其有食者奪之，豈容饋食而有無食者哉？葛伯所奪，乃是擇其食有美味者奪之。中原古註本「要其有酒肉黍稻者奪之」，肉字爲是，下文「童子以黍肉餉」是爲明證。

我武惟揚，侵于之疆，則取于殘，殺伐用張，于湯有光。○註：言武王威武奮揚，侵彼紂之疆界，取其殘賊，而殺伐之功因以張大，比於湯之伐桀又有光焉。

張大其殺伐之功，仁人之所不爲，非武王之光也。以殺伐與湯爭雄長，肆矜誇衒耀之言，又爲可鄙，武王之心，必不如此。「光」字義本屬湯，説在武王，非也。南軒曰：「于湯有光云者，言其相發揮云爾。」又諸家書解：蘇氏以爲湯伐桀而有慙德，今我亦爲之湯，不愧矣。吕氏曰：「武王體湯之心，行湯之事，所以有光於湯也。」蔡氏曰：「自世俗觀之，武王伐湯之子孫，謂之湯讎可也，然湯放桀，武王伐紂，皆公天下爲心，非有私於己者。武之事，質之湯，而無愧湯之心，驗之武而益顯，是則伐紂之舉，豈不於湯有光也哉？」陳氏曰：「湯放桀以安民，吾今亦伐紂以安民，則於湯有光，顯矣。」南軒諸人意同，其説皆是蓋武王遵湯所行而行，則湯有光顯，故言於湯有光，非謂武王之光過於湯也。然「張」字無明説，却爲未備。張，猶開張顯明之也，蓋言我之誅伐，所以張明其兇殘之罪也。

日攘其鄰之雞者。○註：攘物，自來而取之也。

物自來而取之，攘字本無此訓。經中亦無自來之意，攘字止當訓竊。

世衰道微，邪説暴行有作。〇註：有作之有，讀爲又，古字通用。

予謂上文「邪説暴行又作」，此云「有作」，恐皆有誤，「又」與「有」前後相易，讀之於文爲順。

己頻顣〇註：己，仲子也。

己當作已，己與紀同音，已與以同音。己、已止爭半畫之異，蓋後人傳寫之差耳。從「己」字説，觀其自「仲子，齊之世家也」以下，皆言仲子之文，未嘗間斷，至此不當又有「己」字謂稱仲子也，又「己頻顣」亦不成文。從「已」字説，初見所饋生鵝，固已頻顣而惡之矣，他日偶食其肉，聞其兄之言而哇之，則前後意有倫次，「已」字文亦自然。

離婁上

而仁覆天下矣。〇註：此言古之聖人，既竭耳目心思之力，然猶以爲未足以徧天下，及後世，故制爲法度以繼續之，則其用不窮，而仁之所被廣矣。

此章本言爲政必須遵先王之法，離婁之明、公輸子之巧、師曠之聰，皆譬諭比方之言，非一章之本意也。今以耳目心思，通言其用不窮、仁之所被廣矣，耳目之力，豈能仁覆天下哉？目力繼之以規矩，止能爲方圓；耳力繼之以六律，止能正五音。仁覆天下，止是言其既竭心思，繼之以不忍人之政者，所能非有關於耳目之力也。

言則非先王之道。○註：非，詆毀也。

上註解泄泄爲怠緩悦從之貌，形容得不相匡正之情狀，本是初不言泄泄中有詆毀先王之意、繼而解沓沓二字復爲此説，蓋不審沓沓即泄泄也？前解泄泄爲怠緩悦從之貌，後解沓沓爲詆毀先王之道，一事而分兩意，豈非誤邪？又況以非爲詆毀，則意狹事偏；若只解爲是非之非，則意廣事備。言聚斂、言奢靡、言酒色、言逸遊，凡其所以懈怠其君心、忽慢其王事者，皆非先王之道，非特詆毀而已也。大抵泄泄、沓沓皆不敬之貌，怠緩悦從乃不敬之情也，事君無義，進退無禮，所言不由先王之道，是皆不敬之大者也。「我非堯舜之道，不敢以陳於王前」，此孟子事君之敬也，「非」與此「非」字義同。南軒曰：「言非先王之道，則是不稽古而汩於功利也。」此謂不稽古者是也，汩於功利却是好大喜功而有作爲之志，與泄泄、沓沓、怠緩悦從者又不同矣。

仁不可爲衆也○註：有仁者雖十萬之衆，不能當之。

衆本無定數，孔子之言亦非有指定幾萬之意，十萬蓋繼前「億」字而言，然以文理觀之，「衆」與「億」義不相干，不可曲就其數，「衆」只是人數衆多之謂。爲，施爲也，遇至仁之君雖有衆，不能施爲也。

道在邇而求諸遠，事在易而求諸難。人人親其親、長其長而天下平。○註：親長在人爲甚邇，親之長之在人爲甚易，而道初不外是也。舍此而他求，則遠且難而反失之。但人人各親其親、各長其長，而天下自平。

註文散亂指説，不知道爲何道、事爲何事，亦不見天下自平之理，讀之不可曉也。蓋孟子傷昏亂之世，不知王道爲治之本，先王之教化不行，故有此歎。道，治道也，事亦爲治之事也，欲致天下之治，其道在邇不在遠，而於遠處求之，其事在易不在難，而於難處求之，此古今之通患而世莫之悟也。果能遵先王之道，於心得躬行之餘，以孝弟仁義教化其民，使人人皆親其親、長其長，自無悖理亂倫、無父無君之事，而能上下安和，故曰天下平也。

又「各」字之義，亦似未安。各親其親，乃是各親己家之親；各長其長，亦是各長己家之長。親，非他人所有，以各爲言，理固不差。長，雖他人亦有之，長之之道豈可無也？如倍年以長父事之，十年以長兄事之，孔子之於鄉人「杖者出，斯出矣」，未嘗各長己家之長，不長他人之長也。「天下有達尊三」，齒亦天下之通尊者，楚人之長亦長之，秦人之長亦長之，但與長兄之長有差等耳，非有截然各長之限也，上下通言，二「各」字皆不必用。

是天下之父歸之也。〇註：天下之父，言齒德皆尊，如衆父然。

有天下皆尊之德，無天下皆尊之齒。太公見用於周，年方八十，歸周之初，七十餘矣，若以齒言，亦未可比擬天下之父也。况伯夷以孤竹國世子歸周，又未必如太公之齒也。以德言之，故稱二老。註文止可言德爲天下所尊，若衆父然，不必言其齒也。

辟草萊、任土地者次之。○註：辟，開墾也。任土地，謂分土授民，使任耕稼之責，如李悝盡地力〔一〕、商鞅開阡陌之類也。

開墾田疇，分土授民，皆王政之先務、養民之良制，今乃指爲李悝盡地利，商鞅開阡陌之術同類。使與善戰、連諸侯者相次伏罪，豈不寃哉？蓋草萊，指邊鄙荒廢之地而言。辟草萊，謂開拓邊疆也。任土地，謂務廣土地也，侵奪鄰境，益己疆土，以此加罪，宜無辭矣。

侮奪人之君，惟恐不順焉。○註：言恐人之不順己。

〔一〕力，今四書章句集註作「方」。

人被陵侮侵奪之際，彊者必怒，弱者必怨，此人之常情，必無順己之理。智伯求地於韓、魏二國，隱忍而與之，非其順也，蓋欲長其侮奪之心，構其禍，將以報怨也。南軒：「解順爲遂，曰惟恐不得順遂其侮奪之爲也。」此爲得之。

嫂溺，援之以手者，權也。〇註：權，稱錘也，稱物輕重而往來以取其中者也。權而得中，是乃禮也。

引經以證註，説嫂溺援之以手，正爲權而得中，以手援嫂，果可以爲禮乎？聖人取稱錘稱物，活無定體之象名權，本以應變適宜爲義。故漢儒有反經合道之論，近世儒者力排此説，予於論語中已嘗辨之。孟子於此固已分别男女授受不親爲禮，嫂溺援之以手爲權，於應變適宜、反經合道之義，豈不甚明？註文亦嘗正程子「權只是經」之説，云以孟子「嫂溺援之以手」之義推之，則權與經亦當有辨，其説誠是，然亦但當歸之於一。今言權而得中，是乃禮也，却與「權只是經之説」相合翻覆，如此未敢從也。

今天下溺矣，夫子之不援，何也？〇註：言今天下大亂，民遭陷溺，亦當從權以援之，不可守先王之正道。

註文以從權則不可守先王之正道，乃是以合經反道爲權也。既與前註稱錘之説不同，又非漢儒所論反經合道之本意，兩無可取。夫嫂溺援之以手，乃從權也，外雖暫反授受不親之經，内則主於救人一身之死，孰謂從權則不可以守正道哉？淳于髡亦欲孟子内以守正爲本，外以從權應變，不可膠之於一，表裏專執，古道而已，其意不過如此。先王之正道，豈敢直以爲不可守邪？説者但云：「今天下大亂，民遭陷溺，亦當如援嫂之溺，從權以援之，今夫子不援，何也？」只如此説，義自足矣，删去「不可守先王之正道」一句則爲無病，又與權與經亦當有辨之，意可以相應。

人不足與適也，政不足間也，惟大人爲能格君心之非。○註：言人君用人之非，不足過謫；行政之失，不足非間。惟有大人之德，則能格其君心之不正以歸於正，而國無不治矣。

註於章首「人」字之下，創添「君用人之非」五字，與本經之義全差，所言誤事不淺。人君之用人行政，乃國家大得失所關，天下大利害所繫，豈可置而不問哉？爲人臣者，明知其君用人既非、行政既失，而曰此不足過謫、此不足非間，使大姦巨猾日前日進、暴官汚吏日盛日繁，庶政頽墮、生民塗炭，由由然坐視而已，大人之道，不如是也。

繼此再解下句云「惟有大人之德則能格其君心之不正」，前後兩節，意自相窒。既不過謫用人之非，又不非間行政之失，於其君心如此不正處不格，不知有大人之德者，復欲格其君心中何者之不正也？人君之職，惟在慎擇宰相，宰相擇用百官，百官分行庶政。由此觀之，天下之治與不治，繫在人君一心之正與不正之間耳。人君之心，天下之本也，其本亂而末治者否矣。故大人如伊、傅、周、召之爲相，未嘗不以格君心之非爲其所先之切務也。

格，正也，格君心，正其君心之不正也。大人格君心之非，其格之之道，不在一一親身自爲。自其君爲太子，以至登極，舉道德可尊者以爲師，賓擇梗正可嚴者使任諫諍，左右前後皆置正人，平居無事則經筵師臣，講明道義、考論古今、資益其見聞、輔養其德性，不使非心有可萌之隙。及其行有差失，則臺諫諸官，同心協力，隨事規戒，期於一舉一言，必出於正而後已，此古制正君之明法也。

經言人不足與謫，非謂人君用人之非不足謫也，言其不可專以過謫受官已用之人也。政不足間，非謂人君行政之失不足間也，言其不可專以非間諸人已行之政也。謂當端本靖源，務先正其君心之不正，君正則朝廷正，朝廷正則内外百官皆得其人，天下無有不治也。近代以來，往往不先於本而齊其末，内雖有憲臺、察院，外雖設廉訪、採訪、觀察、按察之類，專務彈劾姦惡、糾按非違。謫去一人十人，復至間去一事十事，復來捨其源而清其流，不亦難乎？孟子言一正君而國定，誠爲萬世之格言也。

政不足間也○註：愚謂「間」字上亦當有「與」字。

中原古註本，間字上未嘗無「與」字，蓋南本傳寫之差耳。

人之易其言也，無責耳矣。○註：人之所以輕易其言者，以其未遭失言之責故耳。蓋常人之情，無所懲於前，則無以警於後。非以爲君子之學，必俟有責而後不敢易其言也。

語言易發，而不堪取信者，歷歷見之。蓋亦習性既成，不知有耻，雖經累責，而終身不改者多矣。有責而後不敢百無一二，然其不敢之情，亦止是於責己者，有畏於他人不敢者又鮮矣。無與毋同責，責望也。蓋言輕易其言者，所言必妄不可責望其實也，論語「言之不怍，爲之也難」，兩經意同。

四書辨疑卷十二　孟子

離婁下

惠而不知爲政。○註：惠，謂私恩小利。

經中無該私恩小利之文，惠止當解爲恩惠。孔子稱子産其養民也，惠謂有養民之實惠也。詳此一事，亦是偶見涉者之難，不忍捨去，故以乘輿濟之其心，本出於誠，非有矯情飾詐故爲私恩小利之意也。惠而不知爲政者，言雖惠矣，而不知其爲政之大體也。不知爲政，蓋亦指此一事而言，非通謂子産不知爲政也。

日亦不足矣。○註：人多日少，亦不足於用矣。

四境之内，水爲行人阻滯者，亦不止此而已。以一輿之力，雖多與日數，竟歲窮年以濟之，亦無可足之理。日亦不足，尋常語話中如此用日字者多矣，皆以日爲日日也，欲其人人皆悦，日日爲之，力亦不能足也。

才也養不才。○註：足以有爲之謂才。

才有大小多寡之不齊不直，至於大、至於多，始可爲才，但有爲者皆才也，註文多却「足以」二字。

言人之不善，當如後患何？○註：此亦有爲而言。

註文於不善之人，未肯許其皆不當言也。大意甚善，假如居言責之，任見有大姦巨猾專横於當時，蓋亦不容不言也。但當不得已而爲之，不當有好言之心，予謂「言」字上脱一「好」字，不必説「有爲」而言。

言不必信，行不必果。○註：必，猶期也。大人言行，不先期於信果，但義之所在，則必從之。

必、期二字，義實不同，必是已定不移之意，期是期望未定之意。向於前篇「必有事焉而勿正」之下，既已辨之矣，今又訓「必」爲期，不思甚矣。

所謂「大人言行，不先期於信果」者，「先」字爲贅，經中止有「不必」二字相並爲文，訓必爲期，止是不期，中間不當更有先字。言行不期於信果，理誠未是。君子欲有所言，必先忖度其言可復，然後出口言之，此正言期於信也；欲有所行，亦先忖度其行可爲，然後決意行之，此正行期於果也。行不期果，言不期信，此何人哉？

言正要期信，行正要期果，但在審察義與不義，不可有必之之意也。而或不擇是非，惟以信果爲主，義亦須信、須果；不義亦須信、須果，是之謂必。大人則無如此必定之意，惟其義之所在，而以信果從之也。「必」字不可別訓，南軒曰：「言固欲信，行固欲果，然有必之之意，則非。」此說爲是，「固欲」便是期其下別有必字之義。

博學而詳說之，將以反說約也。○註：言所以博學於文，而詳說其理者，非欲以誇多而鬭靡也；欲其融會貫通，有以反而說到至約之地耳。

此章可謂爲學之指南也，知約然後學爲有用，而註文指說未甚顯明，不知指何者爲約也。聖人之教人也，惟恐言之未詳、義之未盡。經書累積文翰汪洋，所載不勝其博矣，然皆不出於君臣父子長幼夫婦朋友之間，其道則三綱五常而已，是之謂約也。反說約者，引其博以明此道，正心修身爲之約，守所謂學問之道無他求，其放心而已矣，此又博約之捷説也。

言無實不祥。不祥之實，蔽賢者當之。○註：或曰：「天下之言無有實不祥者，惟蔽賢爲不祥之實。」或曰：「言而無實者不祥，故蔽賢爲不祥之實。」二說不同，未知孰是，疑或有闕文焉。

此章義本難通，不可強解。二或曰之說，皆無可取，既云疑有闕文，則二說皆當削去，以斷後人之疑。

周公思兼三王，以施四事。○註：三王：禹也，湯也，文、武也。四事，上四條之事也。又曰，各舉其一事，以見其憂勤惕厲之意。

禹、湯、文、武，道德渾全，非各一事能盡。今舉四事分配四聖人，其事亦有各有者、亦有通有者，已不倫矣。而周公所施又不止此四事而已，不知如何或當時記録有差、或後世所傳之誤，不可考也。姑置之以待高識之士。

君子之澤五世而斬，小人之澤五世而斬。○註：澤，猶言流風餘韻也。父子相繼爲一世，三十年亦爲一世。楊氏曰：「四世而緦，服之窮也；五世袒免，殺同姓也；六世親屬竭矣。服窮則遺澤寖微，故五世而斬。」

註文説流風餘韻，似謂澤爲行迹名聞也。楊氏説親屬遺澤，蓋謂澤爲祖宗恩澤也。一「澤」字分爲兩説，意各不同。父子相繼一世，年無定數，與三十年一世並言，一「世」字亦分兩説，而皆不知何者爲是也。

楊氏以親屬服制解此一章，大意誠是。君子以官言，小人以民言，澤謂親屬義分也，五世以五服言之也，斬，盡也。五服之制，無分貴賤。卿大夫之親屬義分，五世亦盡；士庶人之親屬義分，五世亦盡，故言「君子之澤五世而斬，小人之澤五世而斬」。孟子言此，蓋傷其骨肉親情之易及踈遠也。

予未得爲孔子徒也，予私淑諸人也。○註：孟子之生，去孔子未百年也。故孟子言予雖未得親受業於孔子之門，然聖人之澤尚存，猶有能傳其學者。故我得聞孔子之道於人，而私竊以善其身。

註言孟子之生去孔子未百年，聖人之澤尚存，若依前註之説，以澤爲流風餘韻，聖人之流風餘韻雖百千萬世不絶，豈惟五世而已？若依楊氏之説，以澤爲親屬遺澤，孟子又非孔子之子孫，與上文「五世而斬」，義皆不通。此當自爲一章，首闕「孟子曰」字。淑，善也。諸，於也。言我未得爲孔子門徒，我但聞孔子所傳之道，私以其善達之於人也。

可以取，可以無取，取傷廉。○註：先言可以者，略見而自許之辭也，後言可以無者，深察而自疑之辭也。過取固害於廉，然過與亦反害其惠，過死亦反害其勇，蓋過猶不及之意也。

取、與、死三者，須其心之自肯，然後得爲。既有自疑之心，則肯心已廢，而三者皆不復可舉矣。況人之所難，莫難於死心在遲疑未定間，豈有甘自捨生之理？

蓋傷廉、傷惠、傷勇，皆敘後句可以無者之意爲言。有可以取者，有可以無取者，可以無取而取之，是爲傷廉，於可以無取之下，不必如此重言，義自備矣。如丈夫之冠也，父命之；女子之嫁也，母命之，後便敘母命之意爲説。富歲子弟多賴，凶歲子弟多暴，後便敘多暴之意爲説，此皆捨前句而直敘後句之例。但説後句，則前句之義自顯文勢然也。與、死，二説亦同。

又其過不及之説，義亦不安。孟子本直論可與不可，非但計校過與不及也。且取多與，多爲過，猶爲有，説死惟一死，但有可不可而已，死之過多，恐無説也。

不歷位而相與言，不踰階而相揖也。○註：歷，更涉也。位，他人之位也。右師未就位而進與之言，則右師歷己之位矣；右師已就位而就與之言，則己歷右師之位矣。

註文謂歷爲更涉，位爲他人之位是也，下言右師歷己之位，己歷右師之位，與元説他人之位，却不相關。

右師未就位而進與之言，乃是自離己位往就右師行處而與之言，却言右師歷己之位，不知當時孟子之位與右師行處，果實各在何處？而右師如何却來更涉己位？右師已就位而就與之言，乃是己詣右師之位與右師言，却言己歷右師之位，不知更涉而過右師之位將復何往？皆不可曉。

不歷位而相與言，不踰階而相揖，本無難解之義，不須枝蔓至此。説者宜云：既不鄰位，不當涉歷他人之位就人與言；既不同階，不當踰越隔庭之階就人相揖。

禹、稷當平世，三過其門而不入。○註闕。

三過其門而不入，惟禹爲然，而孟子與稷同言，正與禹稷躬稼而有天下之語意無異。又如潤之以風雨，風亦何嘗能潤？沽酒市脯不食，酒亦不可言食，古人以類言者，自有此體。

禹思天下有溺者，由己溺之。○註闕。

中原古註本「由己溺之也」，比今本有「也」字。取下文「由己飢之也」爲證，則古註本爲是。

夫章子，豈不欲有夫妻子母之屬哉？爲得罪於父，不得近。出妻屏子，終身不養焉。○註：但爲身不得近於父，故不敢受妻子之養。

臣無可叛之君，子無可離之父。舜事瞽瞍，雖屢遭捐階覆井不測之危，寧守死而不去，誠無離之之理也。匡章僅能無世俗所指五不孝之名，便謂己之所以待父者爲是，父之所以待己者爲非，離而去之，終身不養，而又屏棄妻子，己亦不受其養，讎怨其父以至於此，豈非不孝之大者乎？孟子乃與之遊，又從而禮貌之，又以語言宛轉周護之，亦豈徒然也哉？蓋欲漸磨誘化，使之改過遷善而已，學者於此宜深味之。

萬章上

帝將胥天下而遷之焉。○註：胥，相視也。

解「胥」爲相視，帝將相視天下而遷之焉，不成文理。況胥字未嘗有訓相視者，胥止當訓相，帝將相天下而遷之焉，亦不成語。書傳中胥字解爲須者每每有之，史記趙奢謂許歷曰「胥後令」，索隱曰胥、須古人通用，必準此説，以胥爲須，義乃可通。須，必欲也，帝將必欲以天下遷之也。舊註解胥爲須，蓋亦古人通用之義也。孫奭疏云：「帝將須以天下遷之。」既有此解，不須别論。

瞽瞍亦允若，是爲父不得而子也。〇註：言瞽瞍不能以不善及其子，而反見化於其子，則是所謂父不得而子也。

子學善道，父亦改其素習之惡，如此而見化於其子者，屢嘗見之，比於不得待以爲子者，道理相懸尚遠矣。蓋瞽瞍平昔忍爲於舜者無所不至，一旦化兇悖爲信順，何哉？蓋由知舜道德顯著而爲天下歸仰，亦謂非復向日之子，不得以平昔待舜之心待之，此之謂不得而子也。

禹避舜之子於陽城。益避禹之子於箕山之陰。〇註：陽城，箕山之陰，皆在嵩山下深谷中可藏處也。

「藏」之一字甚不情，實禹、益避其君之子，與舜避堯子之心無以異也。君之子果有道德，能嗣父業，使天下得被其澤，此固舜、禹、益之所願也。及見天下之朝覲訟獄謳歌者皆不歸之，知其不克荷負，民望在己所不得辭，始以安天下爲己任，此舜、禹之所以踐天子位焉者也。益則君之子，既克荷負，己所得辭者也，是皆誠心任其自然之道而行深谷中，藏不知藏甚？若禹在深谷中藏，則天下之朝覲者亦難尋覓也。況陽城在嵩山南將三十里，箕山又在其南，皆不在嵩山下深谷中，「藏」字不可取。

舜、禹、益相去久遠。○註闕

「相去久遠」四字，殊無義理，與下文皆字不可通説。況益親曾事舜，繼又相禹，至禹崩時，去舜纔十三四年，其實未嘗相去久遠也。孟子於此一節，專論爲相久不久，其子賢不賢之兩事耳。

自此句而下，乃是結上文之意，兩事俱各再言。相，當作去聲。去，當作之。遠，當作近。「舜、禹、益相之久近，其子之賢不肖，皆天也。」如此與前後通讀，則文理不差，

「去」「遠」二字，蓋傳寫之誤。

外丙二年，仲壬四年。○註：趙氏曰：「太丁，湯之太子，未立而死。外丙立二年，仲壬立四年，皆太丁弟也。太甲，太丁子也。」程氏曰：「古人謂歲爲年。湯崩時，外丙方二歲，仲壬方四歲，惟太甲差長，故立之也。」二説未知孰是。

信如程氏之説，則外丙、仲壬皆當爲太甲之弟，太甲乃其庶兄也。嫡者尚幼，故庶長者得以立也，然欲敘外丙、仲壬之年，以明其當立之意，亦須有先後之次，當自長者言之，長者有故，始言次者。今先舉二歲之弟，後言四歲之兄，此何説也？仲壬乃太甲叔父，太甲嗣仲壬而立，蔡氏書傳考據甚明，本趙氏之説爲是。

知虞公之不可諫而去，之秦，年已七十矣。○註：此事當孟子時，已無所據。

孟子言宮之奇諫，百里奚不諫，又言年已七十，所指之事亦已詳矣，未可謂之無據也。註文蓋見孟子之言，與史記所載有所不同，故有此説。

史記言晉獻公既虜百里奚以爲秦繆姬媵於秦，百里奚亡秦走宛，楚鄙人執之，繆公聞其賢，欲重贖之，恐楚人不與，乃以五羖羊之皮贖之，授以國政，號曰五羖大夫。由是言之，乃是晉虜百里奚以爲媵於秦，非百里奚自之秦也。孟子言知虞公之不可諫而去，之秦，似與史記不同，其實未嘗不同也。讀此章者，當以知虞公之不可諫而去爲句，去爲去位也，之秦，年已七十矣，則與晉虜秦贖自不相妨，不必言已無所據。

萬章下

晉平公之於亥唐也。○註闕。

中原古註本無「之」字，有則似爲文備，宜取集註本爲正。

曰：「卻之卻之爲不恭，何哉？」○註：卻，不受而還之也。再言之未詳。

二「卻」之一必爲衍，然孟子荅萬章之問，止是言交際主恭，未嘗言其有所賜與，萬章便以卻之爲問，意不相承，必有斷簡，不可考也。

曰「其取諸民之不義也」。○註：萬章以爲彼既得之不義，其餽不可受。但無以言語間而卻之，直以心度其不義，而託於他辭以卻之。

萬章一問中二「曰」字，必有一爲衍者，而註文今爲是説，蓋指以心卻之下，「曰」字爲心度之辭。然其所敘之言，誠難以心度爲説也。予謂經文有傳寫之差，其「取諸民」之一句與「曰」字相連，元是一段，總意合在請字之上，曰「其取諸民之不義也，請無以辭之，以心卻之，而以他辭無受，不可乎？」如此讀之似爲順理。

其交也以道，其接也以禮，斯孔子受之矣。○註：孔子受之，如陽貨蒸豚之類是也。

陽貨未嘗交孔子以道，接孔子以禮也，蒸豚之歸，正可謂無道無禮，不可引以爲證。斯孔子受之矣，蓋言其交也以道，其接也以禮，雖孔子亦受之，乃是假設譬喻之言，本無所指之事，陽貨蒸豚之説，置之可也。

殷受夏，周受殷，所不辭也，於今爲烈。○註：「殷〔一〕受」至「爲烈」十四字，語意不倫。李氏以爲必有斷簡或闕文者近之，而愚意其直爲衍字耳。然不可考，姑闕之可也。

直爲衍字者良是，去此十四字讀之，上下語意方始得通，前人之見未嘗及。此自宋氏播遷江表，南北分隔纔一百五六十年，經書文字已有不同，况其秦火之餘，而又累經喪亂傳流錯誤，不可謂無如此之類，宜有以辨之也。

夫謂非其有而取之者盜也，充類至義之盡也。○註：夫禦人於國門之外，與非其有而取之，二者固皆不義之類，然必禦人，乃爲真盜。其謂非有而取爲盜者，乃推其類，至於義之至精至密之處而極言之耳，非便以爲真盜也。

盜亦多端，豈必禦人始爲真盜，昏夜伺隙發户穴牆，取彼之物以爲己有，此皆非其有而取之者，雖與國門之外禦人者不同，得不爲真盜乎？况其言論至於義之至精至密之處，不過極是而已，夫義豈有過哉？果如註文所論，則天下之事皆於義之不精不密處言之然後爲是，

〔一〕殷，原作「商」，據清阮元校刻十三經註疏改。

恐無此理。充類至義之盡，與獵較簿正之類本不易知，苟無實據，不可謾説有惑後人也。末章註云，此章文意，多不可曉，不可強爲之説，此言却公，可以免後人穿鑿之勞。

不以君命將之。子思以爲鼎肉，使己僕僕爾亟拜也。○註：初以君命來餽，則當拜受。其後有司各以其職繼續所無，不以君命來餽，不使賢者有亟拜之勞也。

註文中道而止，自子思以爲鼎肉之下，不解一字，此必有疑於經文，既不以君命將之，子思猶以爲鼎肉，而拜之於此，義不能通，故不説也。

舊説不以君命者，欲使賢者不荅以敬，所以優之也。子思所以非繆公者，以爲鼎肉使己數拜也，此是解子思以爲鼎肉之一節，謂是申明前段子思不悦繆公之意也，此説大意固是，但前後經文不能相接，不以君命將之之下，須當别有敘起前意之文，如云子思之不悦也，或云子思所不悦者須有如此一句在於以爲鼎肉之上，然後可通。今既無從可考，説者但當云有闕文而已。

古千乘之國以友士，何如？○註闕。

國乃諸侯疆域之稱，豈能與人爲友邪？「國」本「君」字之誤，下文「千乘之君求與之友」，是其明證。

一鄉之善士，斯友一鄉之善士。○註：言己之善蓋於一鄉，然後能盡友一鄉之善士。推而至於一國天下皆然。

善蓋一鄉，單指一人而言，盡友一鄉，普指衆士而言。一「善士」分爲兩説，蓋有由矣。意謂前句一鄉之善士，既爲善蓋一鄉最善之士，後句斯友一鄉之善士，若與前善士同説，亦爲善蓋一鄉。一處不能容兩最善，以此爲嫌，故於後句中特加盡字，普指一鄉衆士而言，避重複也。

蓋不思天之賦與人善非有定則，善蓋鄉國天下者不可限定各處止有一人也。皋陶、后稷俱是同時，周公、太公亦皆並世，未聞一處不能容有兩人也。只以一家論之，而有泰伯、仲雍、伯夷、叔齊、周之八士、秦之三良，天亦未嘗限定止生善蓋一家之一人，況於鄉國天下乎？但其善爲衆所推尊者，無論幾人，同爲一鄉所尊者，皆爲善蓋一鄉，所謂一鄉之善士也；同爲一國所尊者，皆爲善蓋一國，所謂一國之善士也。德同道合、相與爲友，是爲一鄉一國天下之善士，斯友一鄉一國天下之善士也。今言盡友，且一鄉之士或有盡能友之之理，以普天下衆士之多，豈能人人盡友邪？天下所有之善士志操亦不能皆同，相與爲友，蓋亦各從其類耳，如長沮、桀溺之徒，雖孔子亦不能盡友也，豈孔子之善未能蓋於天下乎？

註文所分兩善士，皆當同説。宜云：己之善蓋於一鄉，然後能友善蓋一鄉之士；己之善蓋於一國，然後能友善蓋一國之士，天下之善士亦然。

告子上

曰：「異於白馬之白也，無以異於白人之白也。」○註：張氏曰：「『異於』二字宜衍。」李氏曰：

「或有闕文焉。」

謂有闕文者誠是，上「白」字之上當復有一白字，「異於白」者，言其長異於白也，白其馬之白固無異於白其人之白，我不知長其馬之長亦無異於長其人之長歟。「異於白」三字乃是一段，總意無此三字意便短促，謂「異於」二字爲衍者非。

耆秦人之炙。○註：耆與嗜同。

「耆」字，中原古註本作嗜。蓋自毛晃於禮部韻略中增入「耆」字，引孟子此語注於其下，江南以此爲據。故孟子中，「嗜」字皆去口爲「耆」，恐非孟子所用之本字也，惟從中原古本，從口爲「嗜」乃正理也。

乃若其情，則可以爲善矣，乃所謂善也。○註：乃若，發語辭。情者，性之動也。人之情，本但可以爲善而不可以爲惡，則性之本善可知矣。

情雖性之動，於性亦依違無常，非能體性而全善也。喜、怒、哀、懼、愛、惡、欲，此皆性之動而通謂之情者也。其能動皆合理，發皆中節，所舉無有不善者，見亦罕矣。但可以爲善，不可以爲惡，惟性爲然，謂爲情，則非也。

下文「若夫爲不善，非才之罪」也，「才」字正繼「情」字之文勢而言，後又言「或相倍蓰而無筭者，不能盡其才者也」，二「才」字與「情」字上下相連，意如貫珠，「情」乃「才」字之誤也。

才猶材質，性之本體也。乃若，發語辭。蓋言乃若其性之本體，則可以爲善矣，故謂之善也。若夫爲不善，非性本體之罪也，仁義禮智人皆有之，是爲性所固有之善。雖曰求則得之，然氣質所稟，各有不同而求者，用功淺深不一，故其所得亦不能齊，或相倍蓰至於無筭，是皆不能盡其性之本體也。下章「天之降才」之「才」，與此二「才」字、「情」字義又全同，由此觀之，則「情」本「才」字，「才」爲性之本體，亦明白矣。

富歲，子弟多賴。〇註：賴，藉也。豐年衣食饒足，故有所賴藉而爲善。

訓「賴」爲藉，乃是富歲子弟多藉，不知藉爲藉甚也？有所賴藉而爲善，一「藉」

字寧兼許意邪？「賴」本訓善，止當直解爲善。

則爲狼疾人也。○註：狼善顧，疾則不能，故以爲失肩背之喻。

此以狼疾爲狼病也，狼疾人乃是狼病人，天下之人未聞有病狼病者，况狼身受病亦有不礙回顧之處，病則亦有輕重不同，豈但病者皆不能顧邪？蓋「疾」本藉字之誤，狼藉，言其亂也。養其一指失其肩背，則爲狼藉繆亂之人，爲其養小以失大也。舊説以狼疾爲狼藉，字義本是，然以狼藉歸之醫者，却爲未當，以爲醫之療疾，治其一指不知肩背之有疾，此爲狼藉散亂之人爲有此説，故不能全是。

飲食之人無有失也，則口腹豈適爲尺寸之膚哉？○註：若使專養口腹，而能不失其大體，則口腹之養，軀命所關，不但爲尺寸之膚而已。

註文「專」字爲窒，前註言「賤而小者，口腹也；貴而大者，心志也」，其説誠是。今云專養口腹，而能不失其大體，既已專定只養其小，如何却能不失其大？

又以所養之大歸之軀命，義亦不通。軀命有重於太山，有輕於鴻毛，當其所惡有甚於死，理當捨生就義之際，軀命亦所不顧，大人所養正不在此。

説者於前後兩「飲食之人」，須當識其意有輕重，彼上文飲食之人，既曰人賤之矣，乃是貪嗜飲食之人，固當解爲專養口腹矣；此飲食之人，方且望其無失於大，却不合説爲專養口腹也。試通言之貪嗜飲食之人，則人輕賤之矣，爲其專養口腹之小，失其心志之大也。人亦誰不飲食，若使飲食之人無其貪嗜飲食之心，不以專養口腹爲事，而於心志之大無有所失，則其口腹所須豈但爲養尺寸肌膚而已哉？蓋欲飲食資其一身之康寧，所以保其心志而存道義也。南軒曰：「豈但養尺寸之膚哉，固亦道義之所存也。」

此又與於不仁之甚者也。○註：與，猶助也。仁之勝不仁，必然之理也。但爲之不力，則無以勝不仁，而人遂以爲真不能勝，是我之所爲有以深助於不仁。

助不仁處，不正在爲仁不力，在於水不勝火之言。於仁不仁之間，有抑有揚，以爲仁不足恃善，不足爲有以張不仁之勢，此爲贊助於不仁最爲甚者也。

告子下

方寸之木可使高於岑樓。○註：岑樓，樓之高鋭似山者，升寸木於岑樓之上，則寸木反高，岑樓反卑矣。

方寸之木，本與一輿羽相對爲説，皆其積之之多，所以高、所以重。單升一寸之木爲高，與其一輿羽之爲重，語意不倫。南軒曰：「累方寸之木而高於岑樓，遂謂木高於山；積一輿之羽而重於鈎金，遂謂羽重於金。而山之爲高、金之爲重，其理終不可易也。」此説句句對解，使自爲證，辭理甚明。累方寸之木爲高，斷無疑矣，樓與山之二説無從考正，不辨本亦無妨。

往應之曰。○註闕。

自「往應之曰」以下至「則將摟之乎」，學者往往解此一段爲屋廬子之言，舊説教屋廬子往應任人，此説爲是。

紾兄之臂而奪之食。○註：此二者，禮與食色皆其重者，而以之相較，則禮爲尤重也。

孟子之言，正謂寧不得食，不可紾；寧不得妻，不可摟。食色可去，而禮不可棄也。皆重、尤重之説，未見其是。

孔子爲魯司寇，不用，從而祭，燔肉不至，不税冕而行。不知者以爲爲肉也。其知者以爲無禮也。○註：孟子言以爲爲肉者，固不足道；以爲爲無禮，則亦未爲深知孔子者。

註旨，固不足道、亦未爲深知孔子之兩句，學者往往通指爲孟子之意，然經文中實無如此之言，指在孟子則近誣矣。孟子明言其知者以爲爲無禮，何嘗言未爲深知孔子哉？註文本是自譏孟子之非，不肯顯言，而以「孟子言」三字模糊説過，所以致有如此之疑。

予謂經文實亦有可譏者，雖至愚之人亦能知孔子無爲肉之心，孟子以爲爲肉之言似不弘雅。註文譏之可也，然直以爲不足道，却似涉於太峻，又譏以爲爲無禮之一言，謂爲亦未爲深知孔子者，全爲未當。論語集註解「齊人歸女樂」章，亦説簡賢棄禮；解「其次避色」，亦言禮貌衰而去。季桓子耽玩女樂，不致膰俎於大夫，無禮至此，孔子遂行，其行實爲無禮也。

「樂正子強乎？」曰：「否。」「有知慮乎？」曰：「否。」「多聞識乎？」曰：「否。」○

註：此三者，皆當世之所尚，而樂正子之所短，故丑疑而歷問之。

公孫丑三問中，其事有五：強，謂剛健有爲，君子以自強不息也；智，乃心之知，知是非而不繆也；慮，乃心之思慮而後能得也；多聞，所以資其聰，友多聞則益矣；多識，所以資其明，君子多識前言往行。五者在人，萬世所尚，豈惟當世而已哉？樂正子果短於此，既不能自強不息而又無知、無慮、無聞、無識，蓋亦庸愚之輩耳。所好之善，果何善邪？孟子之喜亦爲妄喜矣。

彼公孫丑之問本非爲樂正子所短而發也，蓋不知孟子所喜之意，問其爲何而喜也，爲其強乎？爲其有智慮乎？爲其多聞識乎？孟子皆荅曰「否」，蓋言我之所喜不爲此也。丑復問「然則奚爲喜而不寐」，言既不爲此，果爲何事喜至於此也？孟子復荅「其爲人也好善」，言我爲其爲人好善而喜也。以此觀孟子與公孫丑之言，皆不見有指説樂正子所短之意，問荅語話中間，本皆有爲字，意脉但顯爲字，則註文之誤自見。

夫苟不好善，則人將曰：「訑訑，予既已知之矣。」○註：訑訑，自足其智，不嗜善言之貌。

註文大意不差，但略過「人」字不説，義爲未盡。蓋自「將曰」以下，本皆假設苟不好善之人所言之言爲説也，然有「人」字在上，「人將曰訑訑」，却是他人所言之言，與下文「訑訑之聲音顔色，距人於千里之外」，意不相貫。若删去「人」字，但曰：夫苟不好善，則將曰「訑訑，予既已知之矣」。與下文通讀，語意乃圓。「人」字，蓋羨文也。

四書辨疑卷十三　孟子

盡心上

殀壽不貳。○註：貳，疑也。

「疑」字意不的切，「貳」固訓疑，亦訓攜，貳變異也。註又言「盡心知性而知天，所以造其理也；存心養性以事天，所以履其事也」，以此推不貳之義，由造理言，則不疑爲順；由履事言，則不變爲長。殀壽不貳，正在發於行事處言之，蓋誠一不二無有變異之意也。説者宜曰：殀壽惟一不變所守，修身以俟其終也。

強恕而行，求仁莫近焉。○註：強，上聲。強，勉強也。恕，推己以及人也，反身而誠則仁矣，其有未誠，則是猶有私意之隔，而理未純也。故當凡事勉強，推己及人，庶幾心公理得而仁不遠矣。

己所不欲，勿施於人曰恕，然其不施之心，有勉強之不施，亦有不勞勉強之不施。恕則亦有誠與不誠之異，未可通謂猶有私意之隔也。己所不欲之事，勉強不施於人，此非自然之恕，固猶有所未盡於誠；不勞勉強，自然不肯施之於人，此爲自然真誠之恕，然亦未至於仁也。

仁、恕之分，予於論語「吾亦欲無加諸人」「可謂仁之方也已」之兩章已有其辨，蓋恕者止能推己不欲之不善不以及人，未能至於以善及人也，再進一階，推己之良欲以及於人，如老吾老以及人之老、幼吾幼以及人之幼，己欲立而立人、己欲達而達人之類，是謂以善及人至此則爲仁矣。

若以強爲勉強，而行望其自然之恕，猶有限隔於仁，豈有莫近之理？強，當讀爲平聲，自強不息之謂也，人心但能不肯以惡及人，便有以善及人之意在其中矣，但未發見以及於物耳。恕與仁之地位，緊相挨次，人能自強於恕，力進不已，進得〔二〕不以不善及人之境，便能以善及人，故曰求仁莫近焉也。

行之而不著焉，習矣而不察焉。〇註：著者，知之明；察者，識之精。言方行之而不能明其所當然，既習矣而猶不識其所以然，所以終身由之而不知其道者多也。

光顯彰著，雖皆訓明，然其明皆在外，非内照之明也。如言聲迹顯著、事業昭著，此皆著字用當其分者也。若以明明德爲著，明德，明於庶物，爲著於庶物必不可也。今以著爲人心知識之明，誠爲未是。

此「著」字止當如聲迹顯著之著爲説，察爲識之精，亦非程子以察爲省，察宜取爲正。蓋行謂行君子之所行，習謂習君子之所習。行君子所行而不能顯著，由其信之不篤也；習君子所習而不能省，察乃其學而不思也。惟其信之不篤，學而不思雖亦行，其君子所行，習其君子所習，而終身不知其道者多也。

〔二〕得，原作「出」，據四庫本改。

不恥不若人，何若人有？○註：但無恥一事不如人，則事事不如人矣。或曰：「不恥其不如人，則何能有如人之事。」其義亦通。

註文前説改「不」字爲無字，義便難解。學者疑爲兩説，一説但其無恥之一事既不如人，則事事不如人；一説但於一件事有不如人處不以爲恥，則事事不如人。未知註文果主何説。

若主學者前説，無恥一事不如人，此言甚駃，正如説爲姦一事不如人，爲盜一事不如人者無異，是皆何等語邪？若主學者後説，又有責人太峻之病，君子於小知小能多不用心，因一小技不如人而不以爲恥，便謂事事皆不如人，豈通論乎？前説兩意，皆無可取。況經中亦無分別一事、事事之文，「不恥不若人」五字昭然在人目中，止是言自己立心爲人，不如人處不自知恥，而無見善思齊之志，何能有如人之善？此與「心不若人，則不知惡之語」意相類，或曰之説意是。

霸者之民，驩虞如也。○註：程子曰：「驩虞，有所造爲而然。」楊氏曰：「所以致人驩虞，必有違道干譽之事。」

虞與娛同，古字通用。五霸之術，無他以力假仁而已。造爲、干譽，皆不必言致人驩虞乃其假仁之效也。大抵昏虐之世，民罹殘暴，甚於倒懸，幸有肯假仁義之君，使民得蒙一時之惠，如飢者甘食，渴者甘飲，驩虞之情蓋以此也。

殺之而不怨，利之而不庸。○註：豐氏曰：「因民之所惡而去之，非有心於殺之也，何怨之有？因民之所利而利之，非有心於利之也，何庸之有？」

「非有心於殺之者」是，「非有心於利之者」非。聖人以博施濟衆爲心，王政以安人利民爲本，命羲和之官曆象授時，察璿璣玉衡以齊七政，平治水土，播時百穀，敬敷五教，順理庶工。至於堯以不得舜爲己憂，舜以不得禹、皋陶爲己憂，皆所以思濟斯民，孜孜汲汲，惟恐不及，何嘗無心於利民哉？無利民之心，非聖人之徒也，豐氏之說，「利之」與「殺之」同謂之無心，豈不繆哉？庸，功也，利之而不庸者，不以利己者爲有功，而無知感驩虞之心也。蓋王者之民，生長於雍熙盛化中，未嘗見衰世之事，視國家字民之道，習以爲常，惟知利澤己所當得，安豫己所固有，帝力何有於我哉？此其皡皡然自得之心，利之而不以爲功也。

得天下英才而教育之。○註：盡得一世明睿之才，而以所樂乎己者，教而養之，則斯道之傳得之者衆，而天下後世將無不被其澤矣。

英才世不多出，不可以衆言，如孔子之有顏、曾，自足爲樂，若直須盡得一世之才皆來受教，然後始以爲樂，孟子本意，恐不如此。天下人才實無定數，豈容以盡得爲期？縱有定數，亦無盡得教之之理。天下英才，蓋指天下人中傑出間有之才而言，非普言天下所有之才也，如司馬懿歎稱天下奇才，亦止是稱道孔明一人，未嘗以天下爲普言也，天下英才正與此同。得如此英傑明睿之才教育之，使聖人大道傳得其人，功及後世，所樂在此也。

流水之爲物也，不盈科不行；君子之志於道也，不成章不達。○註：成章，所積者厚，而文章外見也。

「章」字解爲文章，與上句水不盈科不行之諭義不可通。毛晃韻略〔一〕成事成文曰「章」，仍引孟子此文「不成章不達」爲據，義亦未盡。此「章」字惟以爲學之次第言之，乃可説也。「章」猶事目倫序也，達通也，言君子志在於道，若所學不成倫序，則不可通也。物有本末，事有終始，自格物以至平天下，自親親以至愛物，自明善以至獲於上，如此之類，不能偏舉。學者必當知所先後，循序漸進，成了一事然後再成一事，道乃可通，譬如水之流行，注滿一科然後再注一科，斷無越此注彼可通之理也。

所惡執一者，爲其賊道也，舉一而廢百也。○註：爲我害仁，兼愛害義，執中者害於時中，皆舉一而廢百者也。

經文中「所惡執一者」以下皆重言「子莫執中」之病，文理甚明。舉一而廢百，言其

〔一〕韻略，原作「韻」，闕「略」字。據四庫本補。

執一廢百也，爲我、兼愛二事，無預於此。註文以三者通言，皆舉一而廢百，非也。説者宜云：執中無權，害於時中，舉一而廢百也。

仲子，不義與之齊國而弗受，人皆信之。○註：仲子設若非義與之齊國，必不肯受。齊人皆信其賢，然此但小廉耳。其避兄離母，不食君禄，無人道之大倫，罪莫大焉。豈可以小廉信其大節，而遂以爲賢哉。

以萬乘之國與之，果能卻之而不受，雖夷齊無以加也。註猶以爲小廉，天下廉者復有大於此者乎？仲子不義與之齊國而弗受者，蓋當時齊人嘗有此言，孟子以此爲人之大節，非仲子所能，而不之信也。人皆信之者，言其信上句所言，將謂實能不受也。

註文以爲人皆信其賢，經中本無賢字意脉，蓋所以就其小廉爲説也。既以不受齊國爲小廉，又謂以小廉信其大節，不知又指何事爲大節也？仲子不食其兄所得之禄，又嘗哇其鵝肉，以此致有廉士之譽。孟子謂此不足爲廉，故舉嘗所論者簞食豆羹之説，以諭仲子所爲無異於此。蓋常人之情，於細微之物多能忍其欲心而不輕取，及見多廣貴重之物，得之足以去貧賤而處富貴，於是平昔所匿之欲心奮然而起，不復顧其禮義廉耻而取之矣。以仲子視萬乘之齊，斷無與之不受之理。孟子所以知其然者，蓋於人倫之間察見之也，人之惡行，莫大於叛人倫，仲子避兄離母，棄祖宗世卿之業而不居，是無親戚君臣上下，蔑仁義而不顧也。於齊國見與之際，寧復有羞惡辭讓之心哉？人但因其不食兄祿之小廉，而遂信其真能不受齊國之大節，何可哉？此章移於前篇「陳仲子豈不誠廉士哉」之下，義則易見。

夫有所受之也。〇註：言皋陶之法，有所傳受，非所敢私，雖天子之命亦不得而廢之也。

以傳受抑天子之命使不得廢，亦似難憑。昏亂之世，有司之法非無傳受，而皆爲其所廢，渠亦何嘗有忌於傳受哉？惟以公心期之，則無擅廢之理，五刑有服，惟明克允，此舜之所以命皋陶，而皋陶受之於天子者也。皋陶受此明命，固自非所敢私，惟知明於五刑而已，舜既嗣堯之法，而以公天下之心命之，豈得復以瞽瞍之子爲心而廢之哉？「受之」，言皋陶受之於天子也。

居移氣，養移體。○註：居，謂所居之位。養，奉養也。言人之居處，所繫甚大，王子亦人子耳，特以所居不同，故所養不同，而其氣體有異也。

經文初言「居移氣，養移體」，繼而言者「大哉居乎」「其居使之然也」「居天下之廣居」「魯君呼於垤澤之門」，皆敘居移氣之義爲說，略不再言養與體者。蓋居移氣本是一章，正義「養移體」乃是兼設譬喻之言，而註文無所分別，使養與居通混，體與氣均齊，並列於孟子稱羡中，抑亦不思之甚也。夫氣之爲用大矣，賢者養之惟恐有餒，故孟子見王子之氣得其居處地位之助，而有心廣體胖之貌，乃稱羡之，不爲無取。若見其身體得所奉養，顏貌肌膚有豐潤肥澤之美，而咨嗟歎羡，此何義也？孟子於此本因有所感激而言，大抵常人之情隨物輕重，位卑則氣卑，位盛則氣盛，正如奉養薄則體羸弱，奉養厚則體豐碩，今王子因有是位則有是氣，外物所資尚能如此，況居天下之廣，居其氣又豈止此而已？所謂浩然塞乎天地之間者，豈不信哉？「大哉居乎」，蓋謂此也。孟子稱歎之意，本不在於養移體也。

形色，天性也；惟聖人，然後可以踐形。○註：人之有形有色，無不各有自然之理，所謂天性也。踐，如踐言之踐。蓋衆人有是形，而不能盡其理，故無以踐其形；惟聖人有是形，而又能盡其理，然後可以踐其形而無歉也。

註昏，不知指形爲何等之形，色爲何等之色，何者爲自然之理也。形有骨肉軀體之形，亦有動作容貌之形，若指骨肉生成之軀體爲説，孟子言「形色，天性也」，人之軀體，果可以爲天性乎？後又單説踐形，於色字再不相干，義皆未易可曉。

「形色」二字本是一意，通取動作容貌而言，人與事物相接，各有理所當然之容貌隨之。居尊貌必莊嚴，處卑貌須恭謹；弔則有憂戚之容，慶則有喜悦之色。如此之類，皆其性中之善物，發於外而見於面，施於四體，爲性之用，故言「形色，天性也」。然有色厲内荏，色取仁而行違之，欺雜於其間，在小人則無時而無，於君子亦有時而有。惟聖人之德，表裏渾全，心與容貌動皆相應，有莊嚴形色，有莊嚴之心，有恭謹之心，有恭謹形色，至誠於心，以實其貌，是之所謂踐形也。

君子之所以教者五：有如時雨化之者。○註：時雨，及時之雨也。草木之生，播種封植，人力已至而未能自化，所少者，雨露之滋耳。及是時而雨之，則其化速矣。若孔子之於顔、曾是也。

註文但説雨露草木生化之意，而於孔子之教顔、曾絶無一事相關，言時雨化，則云若孔子之於顔、曾；言成德，則云如孔子之於冉、閔，不知孔子之教顔、曾，與其教冉、閔者，果有何異？以所教何事爲時雨化？何事爲成德？皆無所指之實。

如謂孔子於冉、閔爲成德，於由、賜爲達才，於樊遲爲荅問，然夫子於由、賜非無成德之言，於樊遲非無達才之義，於冉、閔非無荅問之辭，五者之教自有五般實事，但當明言其事，不可謾指其人，自上而下，鼠尾相次而言也。

如夫子之「立之斯立，道之斯行，綏之斯來，動之斯和」，爲中都宰一年，四方則之，攝行相事三月，魯國大治，所施普及於衆，無有不霑其化者，此其如時雨化之之謂也。「主忠信，徙義」「克己復禮」「見賢思齊」，此皆成德之謂也，可使治其賦，可使爲之宰，可使與賓客言，此皆達才之謂也。荅其問仁、荅其問知、荅其問孝、問政、問鬼神，各隨所問而荅之，此皆荅問之謂也。

又註文解私淑艾，以爲「人或不能及門受業，但聞君子之道於人，而竊以善治其身，是亦君子教誨之所及」。予謂五者之中，四者皆言教人，惟私淑艾者却是受人之教，與上四者意不倫矣。前篇「予未得爲孔子徒也」章，與此一節皆以私淑爲言。彼是孟子自謙之辭，此論君子教人之法；彼言私淑諸人，此言私淑艾。二「私淑」之義本難同説，此間無用謙辭處，止當解私淑爲自善。艾，治也，義與太甲自怨自艾之「艾」同。

躬修善行，使人倣之，以自身之善，化導治人，故曰私淑艾也。南軒曰：「私淑艾者，蓋不在於言辭之間，躬行而觀者化焉」，此説意是。夫子温良恭儉讓，所至之處，人皆自以國政告之，自善其身，所過者化，蓋亦君子爲教之一大端也。

君子引而不發，躍如也。○註：引，引弓。發，發矢也。躍如，如踊躍而出也。君子教人，但授之以學之之法，不告之以得之之妙，如射者之引弓而不發矢，然其所不告者，已如踊躍而見於前矣。

「吾無隱乎爾」「我叩其兩端而竭焉」，聖人之教人如此，未嘗見有不肯盡者，今言不告以得之之妙，果何心哉？如云踊躍而出、踊躍而見於前，不知躍出面前、跳躍如此果何物也？予於「君子」之下「引而不發，躍如也」之七字，疑皆羨文，去此七字，上下通讀，是否自見。

中道而立，能者從之。〇註：中道而立，言其非難非易。能者從之，言學者當自勉也。

中道而立，解爲非難非易，能者從之，解爲學者當自勉，皆不可曉。孟子之言，本以正公孫丑所請之謬，中道乃其理所當然不可易之正道也。中道而立，能者從之，蓋言教人之法，但當守此正道而立，能者從其所教而行，其不能者止，不可爲彼不能而改此正道也。

未聞以道殉乎人者也。〇註：以道從人，妾婦之道也。

此乃襲前篇「景春問公孫衍、張儀」之註文爲説。從人，謂阿諛苟從也，以道則不苟從，人苟從則非爲以道，既能以道，又苟從人，無是理也。妾婦之以道從夫，乃其理所當然，非謂阿諛苟從也。孟子本言有道之士，無以私殉人之理，惟不以其道則殉乎人，故曰

「未聞以道殉乎人者也」。

其進鋭者，其退速。○註：進鋭者，用心太過，其氣易衰，故退速。

註文「過」字意差，用心太過，乃思慮過深也，思慮過深者遇事必不輕進，正與進鋭者意氣相反。從鋭字看，止可言用心太猛，其進鋭者，乃是猛鋭輕進之人，猛而輕進者，其氣易衰，所以退速，故勇者必以沉勇爲貴也。此七字與上文意不相類，當自爲一章，首闕「孟子曰」三字。

君子之於物也，愛之而弗仁；於民也，仁之而弗親。親親而仁民，仁民而愛物。○註：物，謂禽獸草木。愛，謂取之有時，用之有節。程子曰：「仁，推己及人，如老吾老以及人之老，於民則可，於物則不可。統而言之則皆仁，分而言之則有序。」

註言取之有時，用之有節，此只是節其費用不使致有匱乏而已，以此爲愛，正與「百姓皆以王爲愛也」之「愛」相似。此本智者吝惜之愛，非仁愛之愛，與親親仁民之理差矣。

程子之説，解仁民一節，其理誠是。然於親親愛物，皆置而不説，亦爲未盡。所謂親親者，子之於父，冬温夏凊，昏定晨省，至樂根於心，而愉色婉容見於外，如老萊子衣斑斕之衣，仆地作嬰兒啼以悦其親，其孝愛發乎天性者，如此至於慎終追遠、哀慕祭祀、死而後已，其罔極之思。

又如此父之於子，欲其壽、欲其賢、欲其富貴顯達，鍾愛之深、慈育之至，亦有不可勝言者。此皆親親之道，但可施之於親，不可施之於民也。

所謂仁民者，所惡與之去之，所欲與之聚之，足其衣食，教以人倫，使老幼遂其生，上下安其分，此皆仁民之道。但可施之於民，不可施之於物也。

所謂愛物者，如齊宣王憫其牛之觳觫，鄭子産樂其魚之得所，至於當春草木，不忍摧折，行視螻蟻，不忍踐傷，此皆愛物之道。是爲仁愛之愛，與親親仁民之心，同是一本。然而有此差等不齊，是之謂理一而分殊，吝惜之愛，無與於此親親之道，自然不可以及民，仁民之道，自然不可以及物，故曰：於民仁之而弗親，於物愛之而弗仁也。

盡心下

各欲正己也。○註：民爲暴君所虐，皆欲仁者來正己之國也。

經文上句言征之爲言正也，本説征人者所以正人也，註文解此句爲皆欲仁者來正己之國，却是受征者欲人正己，意與經文不同。「各欲正己也」，此是自解上句「正」字之義，蓋言王者之征，以義正人，欲其畏威悔過，各正己之不正，故曰「各欲正己也」。

好名之人，能讓千乘之國；苟非其人，簞食豆羹見於色。○註：好名之人，矯情干譽，是以能遜千乘之國；然若本非能輕富貴之人，則於得失之小者，反不覺其真情之發見矣。

惡名，無不惡之者；善名，無不好之者。然其矯情飾詐、務以欺世、違道干譽、賣直邀名，斯固可鄙。果於義利之間，明其去就，於其不義，雖萬鍾之禄不受，當其可讓雖千乘之國，不吝如此，以保令名，非不善也。古之能讓千乘之國者，太伯、仲雍、伯夷、叔齊、子臧、季札，寥寥千古，數人而已。若皆以爲矯情干譽，則是萬世無遜讓之賢也。況聖人亦嘗言「君子疾没世而名不稱焉」「君子去仁，惡乎成名」，揚名於後世以顯父母，令聞廣譽施於身，若此類者，聖人豈以名爲不美而無欲之之心哉？但聲聞過情則恥之耳。

近世講學，皆謂聖人不當有尚名之心，凡於經傳，見有顧惜名聞之言，多爲曲説以諱之，必使化真爲僞而後已。儻能各於惡名、善名之間，私自忖其惡欲之誠，亦必覺其在己之善名，果無不欲之理也。

所謂矯情干譽者，又當知其情之受矯，各有輕重，亦有不容其矯者，大抵取與之際，於物之輕者矯之易，物之重者矯之難，至其物之尤重，有關於富貴之大者，雖欲矯之，不可得也。今言以千乘之國矯情與人，恐無此理。

或曰子噲亦能以燕爲讓，豈非矯情干譽者乎？予應之曰：子噲老耄昏聵，子之以計奪其國謂爲讓，則非也，謂之能讓，又非也。能讓者，讓於可讓之賢者也，夫千乘之國亦富貴之極位也，一旦自舉以讓賢，非有義烈誠肯之心者，定不能也。

註猶以爲本非能輕富貴之人，此與解「仲子不受齊國爲小廉」之説無異，不受齊國者爲小廉，讓千乘之國者爲矯情干譽，然則廉讓之士復有何事可爲？以此垂示後人，廉讓之道廢矣，豈不有傷風教哉？况其人二字，本指上文好名之人而言，今以爲本非能輕富貴之人，一其字中間豈有如許之意邪？

孟子之言，本謂果能慕好令名之人，雖千乘之國亦能讓之而不吝也，苟非有此志操之人，雖簞食豆羹之微物將欲與人，其鄙吝之心亦必見於顔色也。

稽大不理於口。○註：理，賴也。今案：漢書無俚，方言亦訓賴。理、俚本是兩字，理亦自有義訓，不可就俚字之訓，解爲賴也。理，整治也。舊説云稽大不能治人之口，此説爲是。蓋謂衆口紛亂之言，不能整治也。

山徑之蹊，間介然用之而成路。○註：介，音戛。徑，小路也。蹊，人行處也。介然，倏然之頃也。用，由也。路，大路也。

人行處與小路不知如何分别，蹊與徑相混無别，則經文不可解矣。又以介，音戛，介然，解爲倏然之頃，亦甚費力。江南廣韻、中原韻略、南北玉篇，介字皆無音戛者，惟中原廣韻、毛晃韻略兩處有之，然亦未嘗訓倏也。况山徑之在茅棘中，倏然之頃由之，恐無便成大路之理。

蹊，與左傳「牽牛以蹊人之田」之「蹊」字義同，蹊猶踐也。間，猶初間也，介如字。經文當以「山徑之蹊間介然」爲句，言其山徑之初爲踐之之間，介然微分於草棘中，往來由之而不止，遂成大路。少間不用，則茅草生而塞之矣。山徑，諭心茅，諭物欲，心不修治而物欲之私充塞也。

君子用其一，緩其二。用其二而民有殍，用其三而父子離。〇註：征賦之法，歲有常數，然布縷取之於夏，粟米取之於秋，力役取之於冬，當各以其時；若併取之，則民力有所不堪矣。

取之各以其時，乃古今不易之常法，不可謂之爲緩也。大抵孟子所言，非古征賦什一之法，蓋指當時之事而言。

用，謂費用重取之也。緩，謂寬緩輕取之也。三者之中，其一既重取之，餘二者取不盡數，此謂用其一而緩其二也；若重取其二，惟輕其一，民已有殍；若三者俱重，則有父子相離者矣。

近代以來，往往於賦稅正額之外，別立名色，横加掊斂。如趙光奇對德宗者是也，若此類者，取雖各以其時，民亦豈能免於飢餓流離之患哉？唐制每丁歲役二旬，有事而加役者，旬有五日免其調，三旬則租調俱免，此亦用一緩二之意也。

若是乎從者之廋也？○註：或問之者，問於孟子也。言子之從者，乃匿人之物如此乎？

匿人之物如此乎，乃是窘斥孟子之言，直指從者爲盗，可謂無狀之甚者也。既發如此麤戇之言，如何便能有「殆非也」以下禮順之語？蓋若者，疑而未定之辭，若是，猶莫是也，言莫是從者之所匿也，以此爲問，則其氣本柔和，與「殆非也」以下之言可有相接之理。

君子之言也，不下帶而道存焉。○註：古人視不下帶，則帶之上，乃目前常見至近之處也。舉目前之近事，而至理存焉，所以爲言近而指遠也。

經文本説言不下帶，註文却説視不下帶，意不相干，雖其目之所視下不過帶，却不知口之所言果言何事，豈可便以爲言近乎？又不知舉目前之近事，果指何者爲近？事至理存焉，果指何者爲至理？意皆不明。

蓋經典聖人之言，垂世以教後人，大要只是理會方寸之心，如存心養性、誠意正心，其事則仁、義、禮、智、孝、弟、忠、信，所言皆在一心境中，不離胸臆之間，故曰君子之言不下帶也。此與下文「修其身而天下平」，乃是自解上文「言近指遠」「守約施博」兩節之義。

言不下帶，所謂言近也，而有修身齊家治國平天下之道存焉，所謂指遠也。修其一身，所謂守約也；致天下平，所謂施博也。

人病舍其田而芸人之田。○註：此言不守約而務博施之病也。

此一節本言不守約之病，與博施意不相干。芸人之田非博施也，經文下兩句自解此文已了。「所求於人者重」，此是自解芸人之田一節之意。「求」與「有諸己而後求諸人」之「求」字義同，求，責也，分明説求於人者重，何嘗言其有博施之病哉？舍其田而芸人之田，蓋謂不自治己而專務治人也。南軒曰：「不務其在己者，而責諸人。」此爲得之。

欲得不屑不潔之士而與之，是獧也。○註：狂，有志者也；獧，有守者也。有志者能進於道，有守者不失其身。

志者，心之所之，狂與獧各有其志，非獨狂者有之也。但狂者志不務近而專慕遠，爲獧者志不慕遠，而專務近守，此爲異耳。南軒曰：「狂者所知，進於高遠；獧者所守，執之堅介。」此說爲得。

註文又謂狂者能進於道，義亦未安。正爲嘐嘐然，志慕高遠，言不顧行，行不掩言，不務進道之實，故謂之狂也。然其所期，既已高遠，則外物不能爲累，行雖不得其中，於道亦有可進之理，不可謂之能進也。能進於道，惟中行之士可以當之，若獧者立心堅介，外物亦不能爲累，與狂者皆能得其道之一邊，故孔子不得中行之際，均思之也。由是言之，獧者亦有進道之理，豈獨狂者爲然？不失其身，亦非不進於道者能之也。

四書辨疑卷十四　中庸

中庸○註：中者，不偏不倚、無過不及之名。

程子以不偏爲中，呂氏以無過不及爲中，二説之意本同。註文通言之是也。或問中却分爲兩意，説不偏在未發之前，説無過不及爲見諸行事，以爲方其未發，未有無過不及之可名。抑不思人之氣禀鮮有得中者：過於剛則仁有不及，過於柔則義有不及；氣太嚴者必少恩，心太慈者必少斷。過與不及，心實主之。先有諸内，然後見諸行事也。若其氣禀無有所偏，則於未發之前亦有無過不及之可名，何不可之有哉？至於不偏不倚，亦不可專説在未發之前。若於行事得中，亦可以不偏名之也。信如或問之説，則程子止是言未發之中，未嘗言行事之中也；呂氏止是言行事之中，未嘗言未發之中也。有上截者無下截；有下截者無上截。不知程呂之意何故如此？或問又以不偏爲心之體地之中，無過不及爲理之當事之中。亦不知「心之體」與「理之當」如何分?「地之中」與「事之中」如何辨?

又云二義雖殊，而實相爲體用。語録曰未發之中是體，已發之中是用，亦皆過論。凡言體用者，乃是一物而有兩分之名，如根梢枝葉相須爲義耳。若以中和言之，中爲體，和爲用，乃可説也。單獨一「中」而有體用之分，無是理也。夫中之在心，物來則應，猶鏡中之明、刃中之利也。如以未照之明爲體，已照之明爲用；未割之利爲體，已割之利爲用，可乎?未照之明與已照之明只是一箇明，未割之利與已割之利只是一箇利，未發之中與已發之中亦只是一箇中，不偏與無過不及亦只是一箇意。言不偏則無過不及在其中，言無過不及則不偏亦在其中，只註文當爲定説，或問之説不講可也。

天命之謂性，率性之謂道。○註：命，猶令也。性，即理也。天以陰陽五行化生萬物，氣以成形，而理亦賦焉，猶命令也。於是人物之生，因各得其所賦之理，以爲健順五常之德，所謂性也。率，循也。道，猶路也。人物各循其性之自然，則其日用事物之間，莫不各有當行之路，是則所謂道也。

孔子言性相近也，孟子道性善，本皆專論人之性未嘗普該萬物之性也。子思説「天命之謂性，率性之謂道」，亦是專以人性、人道爲言。註文乃以萬物與人一混言之，誤矣。所謂「人物之生，各得所賦之理，以爲健順五常之德」者，五德俱全復加健順，惟人有能之之理。彼禽獸昆蟲等物，何嘗能有如許之德哉？天地之間知覺動運之物，其性於五常之中固有頗能近之者，或近於仁、或近於義，雖於天理中粗有通處，亦不可便與人同一槩言有健順五常之德也。

註文又見率性一節於萬物之性難以盡循，故再指物爲日用之物，亦不可通。物無皆能自爲人用之理。語録又以馬馳牛耕佐註文爲説，蓋亦未之思也。馬須用銜，牛須穿鼻，既制奔突，又加鞭箠，然後始可爲用，亦猶「戕賊杞柳以爲桮棬」，非謂循其性之自然也。況天下萬物知不能盡，豈皆得在日用之閒乎？凡彼不爲人用之物，其性尤有不可循者。如虎狼之暴、蛇蠍之很，皆其本然之性也。若循此性以爲道，果何道邪？只如荆棘稂莠生於道路壠畝之間，亦無任其叢茂不除之理。語録曰：「人與物之性皆同循人之性則爲人之道，循馬牛之性則爲馬牛之道。」此話益難憑準。既言人物性同，又卻自有人性物性、人道物道之分，何也？循馬牛之性，則爲馬牛之道；若循虎狼之性，則亦爲虎狼之道；循蛇蠍之性，則亦爲蛇蠍之道；循荆棘稂莠之性，則亦爲荆棘稂莠之道。果修此道以爲教，使天下後世遵之而行，將見獸蹄鳥跡之道，復交於中國區宇，永爲鴻荒。聖人之教，寧有是哉？若以註文語録之説通解經文，則人與一切昆蟲禽獸，皆當各循其性以爲道，昆蟲禽獸之道皆可修之以爲教，不知禽獸之道如何修之以爲教，如何教人於禽獸之道，如何不可須臾離？皆不可曉。

人物之性不同，孟子已有明論。集註亦曰：「以氣言之，則知覺運動，人與物若不異也；以理言之，則仁義禮智之稟，豈物之所得而全哉？此人之性所以無有不善，而爲萬物之靈也。」其説當矣。以彼證此，是非了然。而纂疏又引真氏之説，曰朱子於「告子生之謂性」章，深言人物之異；而於此章，乃兼人物而言。生之謂性，以氣言者也；天命之謂性，以理言者也。以氣言之，則人物所稟之不同，以理言之，則天之所命一而已矣。此章兼人物而言，尚何疑哉？

觀此一説，人物不同者既以爲是，人物同者亦以爲是，阿蔽甚矣。然集註以氣言者爲同，真氏反以爲異；集註以理言者爲異，真氏反以爲同。真氏本欲曲合文公之意而不自覺如此之差也，嗚呼！人性與物性不同，此特眼前事，甚不難見，世之曲説，何其多也！惻隱羞惡、辭讓是非之心，人皆有之，未聞牛羊犬豕皆能與人同有也。只解「性爲」人之性，自無許多節病。天命謂性，以理言也。理爲衆善之宗，三綱五常皆所從出。天命，人由此理而生，具五常之善以爲性，故曰「天命之謂性」。物欲非性也，人惟循此本然之性，各就人倫職分之當然，而行君仁臣敬、父慈子孝、兄友弟順、夫義婦節、朋友有信，是則所謂道也。申明此道，使人行之，是則所謂教也。「率性」，謂循自己本然之性，非循他物之性也。「道」，亦自己當行之道，非他物各有之道也。「率性」爲道明德之事也，「修道」爲教新民之事也。

道也者，不可須臾離也，可離非道也。○註：道者，日用事物當行之理，皆性之德而具於心，無物不有，無時不然，所以不可須臾離。可離皆外物矣。

道與理當有分别，不可混而爲一也。道者，事物相接往來交通之道路也。理，猶事物之脉理文理，而爲道之準則也，道則依循此理而行，理以貫道，道必循理，此其道、理之分也。今註文直截解道爲理，則理亦是道，道亦是理，理與道既已不分，道果何道？不可得知。所謂「性之德而具於心」者，此惟言理則可，言道則不可。

又言「無物不有，無時不然」，并下文外物云者，皆不見其道之不可離與可離之的切實理。而或問與纂疏所引諸人之説，旁牽曲衍，不勝其繁，大槩不過專以扶同註文而已，皆不必辨。蓋道謂三綱五常之道，君子之所以正心修身齊家理世皆此道也。有身而無此道，則心不正行不修，其身必辱；有家而無此道，則父不父子不子，其家必壞；有國而無此道，則君不君臣不臣，其國必亂。此其所以不可須臾離之也。若異教異術出天理人倫之外，與三綱五常不相干涉，有則於世無所益，無則於人無所損，凡其如此不急於用，人皆可得而離之者，俱不可以爲道，故曰「可離非道也」。

是故君子戒慎乎其所不睹，恐懼乎其所不聞。○註：君子之心常存敬畏，雖不見聞，亦不敢忽。所以存天理之本然，而不使離於須臾之頃也。

此一節所以申明不可須臾離道之意，與大學第六傳「小人閑居爲不善」之一節，意正相對，皆是警戒後人之言。解者不可虛務高遠，須要分明說出必能使人恐懼之實事，義乃可通。今註文只說存天理之本，然誠未見其警動人心使之知恐知懼之實理所在。又其「雖不見聞」一句，或謂人不見聞，或謂己不見聞，意亦不明。或問中說其所不睹不聞爲己所不睹不聞，說下句「獨」字爲人所不睹不聞，然經中實無分別人己之文。

自「戒慎乎其所不睹」至「君子慎其獨也」，五句相連，只是一意。慎獨一句，乃其上四句之結語，豈容有如此之分邪？或問執定分爲兩說，自問自荅幾二千言，輯略語録又數千言，皆不見有公平之論，盡欲辨之則不可勝辨。

今但直解本經而已：「戒慎乎其所不睹，恐懼乎其所不聞」，本說人所不睹不聞，蓋人之私心於四通八達衆人耳目交會之間，不須隄防，自然斂束，不敢恣縱。及在隱暗之中、獨居之處，則坦然放肆，以爲雖有不善，他人不知也。然誠於中則形於外，人之視己如見其肺肝，自古以來大姦大巧暗昧中所爲之惡，未聞曾有人不知者，故君子之於人所不睹不聞之際，益加戒慎恐懼，所以閑其邪惡之心，不使得爲邪惡之事也。

莫見乎隱，莫顯乎微，故君子慎其獨也。○註：隱，暗處也。微，細事也。獨者，人所不知而己獨知之地也。言幽暗之中，微細之事，跡雖未形而幾則已動，人雖未知而己獨知之，則是天下之事無有著見明顯過於此者。

幽暗之中，微細之事，跡猶未形，人猶未知，但以己獨知之，便謂天下之事無有著見明顯過於此者。假如大惡之事，跡已發見，非獨己知，人共知之，昭昭然衆目所視、衆手所指者，反不謂之著見，不謂之明顯乎？或問再廣註文之意爲說，迂曲尤多，中間却有一說云「又况既有是心，藏伏之久，則其見於聲音容貌之間，發於行事施爲之實，必有暴著而不可揜者，又不止於念慮之間而已也」。此亦見前說未安，復爲此說也，然猶未免有兩圖之意，不能全是。

「微」字，本亦訓隱，經文以「隱」爲「見」之對，以「微」爲「顯」之對，則「隱」與「微」皆取幽暗之意而言，兩句只是一意。註文疑其言有重複，故解「微」爲細事，以致牽強不通，蓋不察「顯」乃「見」之變文，「微」亦「隱」之變文也。此與「有若無，實若虛」「危而不持，顛而不扶」「事死如事生，事亡如事存」之語句無異，皆其變文重言之也，何獨疑於此哉？大抵人之處身行事，在青天白日衆人之中，雖小人亦知所慎；在幽暗偏僻獨居之處，雖君子亦有所忽。故私邪之心每由此生，私邪之事每由此成。古今天下著見明顯之惡，未有不從幽暗隱微之中而起者。無惡不自隱而見，故曰「莫見乎隱」；無惡不自微而顯，故曰「莫顯乎微」。君子審其如此，故雖暗室獨居、暗地獨行，尤須密加嚴慎也。

致中和，天地位焉，萬物育焉。〇註：致，推而極之也。位者，安其所也。育者，遂其生也。自戒懼而約之，以至於至静之中無少偏倚，而其守不失，則極其中而天地位矣。自謹獨而精之，以至於應物之處無少差謬，而無適不然，則極其和而萬物育矣。蓋天地萬物本吾一體，吾之心正，則天地之心亦正矣；吾之氣順，則天地之氣亦順矣。故其效驗至於如此。

註言自戒懼而約之，以至極其中而天地位矣，自謹獨而精之，以至極其和而萬物育矣。推詳此說，天下人中但有一人於不睹不聞之處戒懼以謹其獨，便能使天地各安其所萬物各遂其生，未之聞也。

又云：「蓋天地萬物本吾一體，吾之心正，則天地之心亦正；吾之氣順，則天地之氣亦順。」義愈難通。天地萬物與吾同在陰陽大氣中，謂同一氣則可，謂爲一體則不可。天下萬物，何所不有，豈能同爲一體哉？天地之氣，固有順、不順時，天地之心未嘗不正也，豈待吾之心正然後天心地心始正哉？天地之氣有時而不順者，蓋由國家失德，則有恒雨恒暘恒燠恒寒恒風之應，此皆天地不順之氣也。普天之下，惟吾一身之氣順，便能使此氣皆順：久雨則能使之晴，久旱則能使之雨，斷無此理。或問亦曰「三辰失行，山崩川竭，則不必天翻地覆然後爲不位矣；兵亂凶荒，胎殰卵殈，則不必人物消盡然後爲不育矣。若此者，豈非不中不和之所致，又安可誣哉」「彼達而在上者，既有以病之，則夫災異之變，又豈窮而在下者所能救也哉」，此説大意却是，然與「吾之氣順，則天地之氣亦順」之説豈不自相矛楯邪？

繼此復改一説云：「但能致中和於一身，則天下雖亂，而吾之天地萬物不害其爲安泰。」此又有涉荒誕，實流入於異端矣。於目前見有之天地萬物之外又別有吾身之天地萬物，不可曉也。孟子言萬物備於我，蓋謂萬物之理具於吾心，非謂天地之外別有天地、萬物之外別有萬物在吾一身之中也。推原或問本意，蓋亦只是説天下雖亂，而己之心能獨安也，且天下遭亂，生民之命朝不保夕，己在其間心獨安之，可謂仁乎？

經文自「喜怒哀樂」至「萬物育焉」，此一段與上文本難通説，當自爲一章：「喜怒哀樂之未發，謂之中；發而皆中節，謂之和」，此就各人之一身而言；「中也者，天下之大本也；和也者，天下之達道也」，此義散開在於天下矣；繼言「致中和，天地位焉，萬物育焉」，此乃專言天下之中和，解者不可只就一人之身爲説也。然其致此者，惟人君能之，如堯之親睦九族、平章百姓、協和萬邦，此其致天下中和之道也；至黎民於變時雍，則天下之中和成矣。民人和則天地之和應，而無三辰失行、山崩川竭、災異之變。天氣和於上，地氣和於下，此之謂天地位也；天地位則風雨寒暑各以其時，人與物皆康寧蕃息，此之謂萬物育也。

四書辨疑卷十五　中庸

道之不行也，我知之矣：知者過之，愚者不及也。道之不明也，我知之矣：賢者過之，不肖者不及也。○註：知者知之過，既以道爲不足行；愚者不及知，又不知所以行：此道之所以常不行也。賢者行之過，既以道爲不足知，不肖者不及行，又不求所以知：此道之所以常不明也。

知乃智之事，行則賢所能。於智、愚，止可言知；於賢、不肖，止可言行。智者過之，止可解爲知之過；愚者不及，止可解爲不及知；賢者過之，止可解爲行之過；不肖者不及，止可解爲不及行。註文爲見前一節行與智愚相配爲言，後一節明與賢不肖相配爲言，故以知與行兩相遷就，交互言之，牽強甚矣。夫道在世間，必須先明，然後能行，必先不明，然後不行。下章註云「由不明，故不行」，此言是也。「明」字本當在前，今反在後；「行」字本當在後，今反在前，乃後人傳寫之誤也。

「行」「明」二字當相易讀之，解者宜云：道不明者，由其智者知之過，愚者不及知，此道之所以常不明也；道不行者，由其賢者行之過，不肖者不及行，此道之所以常不行也。智者知之過，如著書傳道而爲過高過深之論者是也；賢者行之過，如摩頂放踵而爲愛無差等之行者是也。二者俱爲害道，然行之過者誤人淺、知之過者誤人深。孟子曰：「所惡於智者，爲其鑿也。」由此觀之，解經而務鑿，孟子之罪人也。

道其不行矣夫！○註：由不明，故不行。此章承上章而舉其不行之端，以起下章之意。

註文爲見本經中無話可說，故曲就上下兩章而言也。予謂經文惟此一句，中間又無所言之事，似難獨爲一章，正與大學「此謂知之至也」之一句相似，必有闕文，不可強說。

人皆曰「予知」，驅而納諸罟擭陷阱之中，而莫之知辟也。人皆曰「予知」，擇乎中庸，而不能期月守也。○註：罟，網也。擭，機檻也。陷阱，坑坎也。皆所以揜取禽獸者也。言知禍而不知辟，以況能擇而不能守，皆不得爲知也。

「驅」字是一章中緊要字，而註文略不言及，又不細推罟擭陷阱所喻者何事，乃云「知禍而不知辟，以況能擇而不能守」。蓋不知罟擭陷阱，所況不在擇、守也。「驅」者，言其身爲物欲所驅也。罟擭陷阱，以況物欲陷人之禍害也。人皆自謂我有智慮，及見美色珍貨、富貴大權、有私便可圖之隙，則其攘奪之心奮然而起，驅其身或爲姦爲盜、爲亂臣賊子，納之於辱身喪命、亡家覆族之禍害中。而不知辟，與其雖亦擇乎中庸，而不能期月守者，皆不得爲智也。

衽金革，死而不厭。○註：衽，席也。金，戈兵之屬。革，甲胄之屬。

註文止是訓字，未嘗通解其文。訓衽爲席，乃是席金革，死而不厭。席字難説。衽，訓卧席，亦訓卧褥。卧席卧褥，皆人寢息所安者也。衽金革，蓋言嗜金革如嗜卧席卧褥之安，雖死於其間而不厭，此北方之強也。

君子之道，費而隱。夫婦之愚，可以與知焉；及其至也，雖聖人亦有所不知焉。夫婦之不

肖，可以能行焉；及其至也，雖聖人亦有所不能焉。○註：費，用之廣。隱，體之微。君子之道，近自夫婦居室之間，遠而至於聖人天地之所不能盡。其大無外，其小無内，可謂費矣。

解費爲用之廣，大意則是，再審如何是用之廣，却無明説。解隱爲體之微，體字蓋以道體爲言，不知指道爲何道、何者爲道體也？其言夫婦居室者，蓋以夫婦作夫妻説也，夫婦之愚，解爲夫妻之愚，凡爲夫妻者，豈皆愚乎？夫婦之愚、夫婦之不肖，二「夫婦」字與「造端乎夫婦」之「夫婦」義本難同。若只解爲愚夫愚婦，乃爲通順。

又觀「聖人天地所不能盡」之一句，且論聖人不能盡，若以「亦有所不知」「亦有所不能」之經文爲解，猶有可説，然已幾於莊子註郭象矣，再論天地不能盡，若以天地之大，「天下莫能載之」經文爲解，則是東南西北至其天地盡頭，無天地處，君子之道猶遠。天不能蓋盡，地不能載盡也，以此爲用之廣。不知天地盡了之外，又有何人廣用此道也？

或問又解「隱」字曰「隱之爲言正，以其非言語指陳之可及耳」，此説亦非。君子所行之道，何嘗有言語不可及者哉？隱字，本指理之微妙難見者而言，見則言語可以及矣。然此章大要，先須指定道是何道，乃可説也。蓋君子之道，三綱五常是也。斯道也，古今天下君臣父子夫婦長幼朋友之間，無時可離，無處不有，其所用之廣如此，所謂「費」也。中間如仁義禮知孝弟忠信之屬，人雖日日用之，而能得其正理者鮮矣。仁或流於姑息，敬或墮於阿諛，慈或敗子，孝或陷父，又前人經解中所辨仁恕、忠恕、忠信之分，道理、權經、和同之別，如此之類，終無定説者多矣。其理微妙難見如此，所謂「隱」也。

註文或問於聖人不知、不能處，亦説不通。蓋聖人不知，以學言；聖人不能，以位言。不得其學則不知，不得其位則不能。且其一身一家常用之事，如父子之親、夫婦之別、長幼之序，雖愚夫愚婦，亦皆可知、亦皆能行。及其化爲治國平天下之用，如禮樂憲章前王制度，聖人雖稟上智之姿，不得其學，則亦有所不知也。故孔子問禮於老聃，問官於郯子，然後能知。此可見，得其學則無有不可知者也。雖已知之，不得其位，則亦有所不能也。故孔子爲中都宰一年，四方則之，攝行相事三月，魯國大治，此可見得其位則無有不能行者也。若於君子之道，得其學亦不能知，得其位亦不能行，何足爲聖人乎？

予於此章知此而已，自「天地之大」以下，義多難曉，其間或有脱誤衍文，不敢強解。註文、或問、輯略、語録，重重複複幾五千餘言，皆無明白可通之説。

如「天地之大，人猶有所憾」，註文解爲覆載生成之偏，或問再與註文爲註，云天能生覆，不能形載，地能形載，不能生覆，以此爲覆載生成之偏，亦皆未是。天覆地載乃天地之正理，不可謂之爲偏也。況天地之覆載，與君子之道亦不相干，人亦未嘗有憾於天不載而地不覆也。

又如「鳶飛戾天，魚躍于淵」，諸家詩解各有異同。程子曰：「此一節，子思喫緊爲人處，活潑潑地」。或問又引程子之言曰：「『與必有事焉，而勿正心』之意同『活潑潑地。』」反復參詳，終不見「活潑潑地」義理安在。「必有事焉，而勿正，心勿忘，勿助長也」，予於孟子集註已有辨矣，豈可與鳶飛魚躍同説哉？

或問又曰「子思於此指而言之，惟欲學者默而識之，則爲有以洞見道體之妙」，又曰「苟能超然默會，則道體之妙已躍如矣」，又有一説言楊龜山得鳶飛魚躍之理於意言之表。信如此等之説，則是中庸之義，止可默識，不可以文字語言發明之也。嗚呼！聖人立言設經，爲教以傳道，後人所得之道一皆出自於經，須其師友講説然後能明，寧有不容言語指陳，止可超然默會者哉？使學者襲此成風，凡遇難明之理，皆可自謂吾已默識默會於心，洞見道體之妙在吾目前已躍如矣，問之則曰此非言語指陳可及，以此虛誑互相迷惑，害道誤人，孰甚於此！

纂疏又引語録一説，問中庸編集得如何，曰：「便是難説。緣前輩諸公説得多了，儘有差舛處，又不欲盡剝難他，所以難下手。不比大學，都未曾有人説此話。」亦似未公。四書中前人註説之多者，孰如論語？雖有差舛，何嘗有礙後人之識見哉？中庸一書，本多難解，大學傳文，亦頗相類，蓋此書與大學本皆各爲一經，歷戰國之亂，經秦火之厄，雖能僅存，世無知者。漢儒採集附於禮記中，列爲二篇，與諸篇相混無別。非二程先生不可得如今日矣，大迹既已如此，則其章句中傳寫之差，必不能無。所不知者，止當置而勿解，不可歸罪前輩諸公，責其説者之多也。語録又曰「中庸之書難看，中間説鬼説神，都無理會」，予謂此數語真是文公本意，其實亦有不盡知者，況我輩乎？説者但無自欺之蔽，知之爲知之，不知爲不知，如是而已可也。

「伐柯，伐柯，其則不遠。」執柯以伐柯，睨而視之，猶以爲遠。故君子以人治人，改而止。○註：睨，邪視也。言人執柯伐木以爲柯者，彼柯長短之法，在此柯耳。然猶有彼此之別，故伐者視之猶以爲遠也。

註文既訓睨爲邪視，於通説處却單撤去睨字，不復有關邪視之意。前言長短之法彼此無別，後句却言猶有彼此之別。經文本謂睨視者誤以其則爲遠，註文於睨視一節却解爲其則實遠，意皆有差。蓋睨視，持疑不決之貌。手中執柯以伐柯，彼柯長短，只此柯是其定則，其則至近，甚不難見，而乃側視傍觀、持疑不決，則是所見不明，猶以其則爲遠也。以自己之心度他人之心，無不同者。己心所欲之善事，人亦欲之；己心所惡之惡事，人亦惡之。忖度他人之心，只自己之心是其定則，此之謂「其則不遠」也。彼亦人也，己亦人也，見彼人道有差，以己人道治而正之，此之謂「以人治人」也。彼既能改，有恥且格，便當善待，不須更治，此之謂「改而止」也。若已改過自新而猶治之不已，人或以此加之於己，蓋亦己之所惡，如此等事己亦不可加之於人，此之謂「施諸己而不願，亦勿施於人」也。

忠恕違道不遠，施諸己而不願，亦勿施於人。○註：施諸己而不願，亦勿施於人，忠恕之事也。

註文本意，蓋指忠恕爲一事，不欲使有分别也。然以實理言之：心無私隱之謂忠，推己不欲、勿施於人之謂恕，忠自是忠，恕自是恕，豈可併而爲一哉？程子言：「事上之道莫若忠，待下之道莫若恕。」此亦分忠恕爲兩事，其意本是。而或問非之，以爲不當析之爲二，無無恕之忠，無無忠之恕。若準此説爲例，天下道理中，亦無無仁之義、無義之禮、無禮之智，仁、義、禮、智亦當通爲一事，不可析之爲四也。此皆知之過者之病，學者尤當慎之也。

或問又引論語中忠恕爲説，云「盡己推己，乃忠恕之所以名」「曾子之言，蓋指其不可名之妙，而借其可名之粗以明之，學者默識於言意之表，則亦足以互相發明而不害其爲同也」。此又以忠恕止當默會於心、不可以言語解説也。言語可説者爲忠恕之粗，不可説者爲忠恕之妙也。徧覽堯、舜、禹、湯、文、武、伊、周、孔、孟之言，皆無如此差異之論。聖人經世理人之道，至精至妙者，載在經典備矣，何嘗有不可言説、止可默識於言意之表者哉？此等話前論中已嘗正之，予亦自厭其繁，不欲再加詳辨也。

「施諸己而不願，亦勿施於人」，此只是恕，經文與忠兼言者，正與「禹、稷當平世，三過其門而不入」之文相似，予於孟子中已有其辨，可就觀之。「違道不遠」又與孟子言「强恕而行，求仁莫近焉」之意正相類，仁包五常，而爲人道之本，恕最近仁，故言「違道不遠」也。

故大德必得其位，必得其禄，必得其名，必得其壽。○註：舜年百有十歲。

註言舜年百有十歲，又解下文「大德者必受命」之一句云「受天命爲天子也」，以此言舜，義固不差，如孔子之至聖大德，賢於堯舜而乃不得其位、不得其禄，年又止於七十有三；顏子以亞聖之德，居於陋巷，簞食瓢飲，年纔三十二而終，與舜豈可通論哉？蓋經文專指事之當然而言，未嘗與時兼論也。夫大德者必受天命，必得位、禄、名、壽四者俱全，惟天運開泰至盛之時乃能如此，若陽消陰長，君子道衰，則大德之人必無全能有此四者之理。此皆天人相關，自然之道，學者不可不知也。

事死如事生，事亡如事存。○註：始死謂之死，既葬則曰反而亡焉。

始死爲死，既葬爲亡，諸字書皆無此説。果如註文所言，則「事死如事生」之一句，止是説事其初死者當如事生，既葬之後，春秋祭祀皆不必有如事生之敬也，豈通論乎？況死與亡既有始死、既葬之分，則生與存亦當分爲兩説。今生、存二字却皆仍舊，何也？又，諸書中言人亡、國亡者，不可勝數，孔子執伯牛之手曰「亡之」，書言「有一於此，未或不亡」，如此之類，亦何嘗有關既葬之意哉？經言「事死如事生，事亡如事存」，亡乃死之變文，存乃生之變文。死便是亡，亡便是死；生便是存，存便是生，難容更有如此分別也。

忠信重禄，所以勸士也。○註：忠信重禄，謂待之誠而養之厚。

註言待之誠，蓋以誠字解忠信，又以忠信爲人君之忠信也，豈有君忠於臣者哉？只論「待之誠」三字，義亦難通，於九經中觀之，身與賢、親、大臣、羣臣、庶民、百工、遠人、諸侯，皆當待之以誠，非獨於此一處當用誠也。然於羣下亦須分辨賢否，若於邪惡之人待之以誠、敬養之以重禄，則賢者必思退隱，不可謂之勸士也。忠信重禄，本繼上文「體羣臣」一節而言。忠信，止可説在羣臣。體，謂體察辨認也。此與孟子言「國人皆曰賢，然後察之」意同。言於羣臣中審詳體察，見有忠信賢善之實者，厚其禄賜，以旌顯之，則士皆景慕，樂於爲善，是之謂「忠信重禄，所以勸士」也。孔子言「舉直錯諸枉，能使枉者直」「舉善而教，不能則勸」，義皆相類。

成己，仁也；成物，知也。○註：仁者體之存，知者用之發。

註與經文意不相對，又不知説體爲何者之體、用爲何者之用也？仔細詳觀，似謂體爲道之體、用爲道之用，然經中實無關該道體道用之處，存發二字亦生澀難看。註中本要見何者爲成己、何者爲成物，成己者如何是仁、成物者如何是智，如此以解本經可也。夫學以明德乃成己也，教以新民乃成物也。孟子引子貢贊孔子之言曰：「學不厭，智也；教不倦，仁也」，此以成己爲智，成物爲仁。子思却説「成己，仁也；成物，知也」。二説不同，不容不辨。蓋子貢以心言，子思以事言。思欲成己之心屬智，如「終日不食，終夜不寢，以思，無益，不如學也」者是也，所行成己之務爲仁，如「崇德修慝」「克己復禮」者是也；思欲成物之心屬仁，如「己欲立而立人，己欲達而達人」者是也，所行成物之務爲智，如聖人設科爲教以傳道，高下淺深，各隨其材以授之，「中人以上可以語上，中人以下不可以語上」者是也。以此爲解，則二家之説皆通矣。

予舊嘗有説曰：「成己之心，智也，所以成己者，仁也；成物之心，仁也，所以成物者，智也。」此最簡直易言，然又恐人未曉故有如許之曲折也。

子曰：「吾説夏禮，杞不足徵也。吾學殷禮，有宋存焉。」〇註：夏禮既不可考證，殷禮雖存，又非當世之法。

語云：「夏禮吾能言之，杞不足徵也；殷禮吾能言之，宋不足徵也」，此亦孔子之言。今曰「吾學殷禮，有宋存焉」，却是宋守殷禮，未嘗有闕，不可謂「宋不足徵」，孔子之言，何其翻覆如此邪？况世衰道喪，古禮皆亡，夏禮既無可取證於杞，殷禮亦豈能獨存於宋？以此推之，當取論語爲正，中庸文有傳寫之差，難謂兩經俱是也。

上焉者雖善無徵，無徵不信，不信民弗從；下焉者雖善不尊，不尊不信，不信民弗從。○註：上焉者，謂時王以前，如夏、商之禮雖善，而皆不可考。下焉者，謂聖人在下，如孔子雖善於禮，而不在尊位也。

「夏禮吾能言之」「殷禮吾能言之」「殷因於夏禮，所損益，可知也」；「周因於殷禮，所損益，可知也」，此皆孔子之明論。蓋前王禮典，當時皆在，夏禮、商禮，俱有考據，故孔子自謂能言，又云可知也。然其禮之文雖在，禮之實皆亡。如云「杞不足徵」「宋不足徵」，本言先王之禮久廢，雖其後嗣亦無可以取證之實，此特傷其禮之不行，非謂夏、商之禮皆不可考也。子思必無不取聖祖之言，別爲如此異論之理。「王天下有三重焉，其寡過矣乎！」此兩句本是上章結語，摘屬此章，非也。中庸章數差互者甚多，他日必有能辨之者。此章自「上焉者」以下皆是通論君子之道，本非專説禮之一事也。試於下文「故君子之道：本諸身，徵諸庶民」之十二字中仔細觀之，則一章之本意可見。上焉、下焉，皆以位言。在上之人徒有仁心仁聞，而民不被其澤，此之謂「上焉者雖善無徵」也；在下之人道同前聖前賢，而身不在其位，此之謂「下焉者雖善不尊」也。無徵、不尊民、不信從，理勢之自然也。

中外哲學典籍大全·中國哲學典籍卷

已出版書目

《讀禮疑圖》,〔明〕季本著，胡雨章點校。

《王制通論》《王制義按》，程大璋著，吕明烜點校。

《關氏易傳》《易數鈎隱圖》《删定易圖》，劉严點校。

《易説》,〔清〕惠士奇著，陳峴點校。

《易漢學新校注（附易例)》,〔清〕惠棟著，谷繼明校注。

《春秋尊王發微》,〔宋〕孫復著，趙金剛整理。

《春秋師説》,〔元〕黄澤著,〔元〕趙汸編，張立恩點校。

《宋元孝經學五種》，曾海軍點校。

《孝經集傳》,〔明〕黄道周撰，許卉、蔡傑、翟奎鳳點校。

《孝經鄭注疏》《孝經講義》，常達點校。

《孝經鄭氏注箋釋》，曹元弼著，宫志翀點校。

《孝經學》，曹元弼著，宫志翀點校。

《四書辨疑》,〔元〕陳天祥著，光潔點校。

《小心齋劄記》,〔明〕顧憲成著，李可心點校。

《太史公書義法》，孫德謙著，吴天宇點校。

《肇論新疏》,〔元〕文才著，夏德美點校。

《張九成集》,〔宋〕張九成著，李春穎點校。

更多典籍敬請期待……